「距離を置きたい」
「縁を切りたい」
家族の悩み

ふがいないきょうだいに困ってる

吉田 潮

光文社

序章　「あんた、あたいのテオになってよ」

私には3歳上の姉がいる。

子供の頃からちょっと変わっていたが、とにかく絵を描くのがうまかった。勉強もできたし、学校の先生からも一目置かれるキャラクターだった。今でも覚えているのが、私が中学校に入学したとき、Tというコワモテの担任から言われた言葉。

「お前が妹か。姉ちゃんは相当面白かったぞ」

え？　面白いってどういうこと？　優等生だったとか人気者だったとかその類《たぐい》の話ではなさそうだが、T先生が姉をほめて認めていることだけはわかった。もしかしたら、似顔絵で漫画を描いたりしていたのかもしれないが、姉の担任でもないのに、何百人もいる生徒の中で姉を覚えているということは、よほど記憶に残ったのだろう。

姉は高校に入ってすぐに海外へ留学したので、お互いが思春期のときに一緒に過ごしていない。その後も姉は20年近くを海外で過ごし、日本に帰ってきたのは今から15年前のことだ。千葉の田舎のログハウスにひとりで住んで、イラストの仕事を始めた。それなりに軌道に乗ったと思っていた。

ところが、一時期収入がなく、積極的に仕事を得ようともせず、ひきこもりのような状態に。初めはログハウスの家賃として親に３万円払っていたが、それも途絶えた。水道光熱費は親が支払っているので、止められることはない。訪ねた親に聞くと、どうやら一日中パソコンに向かってネットゲームをしているという。ちょうどその頃、姉から連絡がきた。確か「車検代がないからお金を貸してほしい」だったと記憶している。

滅多に弱音を吐かない姉が直談判してきたので、相当困っているのだろうと思い、１００万円を貸した。その後も「仕事がない」「国民健康保険と年金が払えない」という話をされて、50万を振り込んだ。そして、姉が乗っていた車がとうとう寿命を迎えたが、買うお金がないと言う。中古車なら80万で買えるというので、出した。借用書はとらず、「無期限、利子もいらないが、稼いだら返して」と言ったら「必ず返す」と約束した姉。合計２３０万を出しているが、姉からは１円も返ってきていない。

別に姉は贅沢三昧をしているわけではない。むしろ、その日食べるものがあればいい、という発想で、食欲以外の欲があまりない。でも、お金に関してはあまりに無計画で無頓着ではないか。才能とセンスはあるのだから、まずは仕事で安定を目指すべきだと説教したのだが、姉はこう言った。

「あんた、あたいのテオになってよ」

テオとは、画家のフィンセント・ファン・ゴッホの弟で、テオドルスのことだ。精神を患った天才画家の兄が絵に専念できるよう、経済的に支援し続けたという。さすがに生活の支援まではできないが、仕事を紹介することはできる。そう思って、編集者と会うたびに、姉のイラストを売り込んだことがあった。ところが、である。姉は気が乗らない仕事は躊躇《ちゅうちょ》なく断った。は？　生活費にも困っているのに断る⁉　金がないと泣きついてきたくせに断る⁉　ちょっとよくわからないし、「ふがいない」姉だと思った。

　金を返さないこともふがいないが、先々のことを考えようとせず、計画性も貯金もないことがふがいない。才能があるのに、それをお金に変えようとしないこともふがいない。何よりも、生活の基盤を年金暮らしの親に依存していることがふがいないのだ。

　父は6年前に特別養護老人ホームに入居した。母は5年前から急に病気がちになり、入院や手術を繰り返している。生活は父の年金のおかげで成立しているし、倹約家の母だからこそうまくやりくりできているが、親が亡くなったらどうするのだろうか。姉がひとりでその生活を維持できるとは思えない。もう、不安しかない。

　こうしたふがいないきょうだいにモヤモヤしている人は私だけではないはず。「ふがいない」という言葉がふさわしいかどうかはわからないが、「困った」「厄介な」「頼りにならない」きょうだいに悩んでいる人は、結構いるのではないか。

・自立しておらず、実家の親に依存した生活を送っている
・生活や将来の見通しに危機感がなく、「なんとかなる」と思っている
・お金に困ると親に甘えたり、無心をしてくる

そんなきょうだいに対して、なんとかしてあげたいと思う人もいれば、距離を置くと決めた人もいるだろう。どちらにしてもその心境に至るまでの話を聞けば、共感の先に何かヒントがもらえるような気がした。また、きょうだい間のトラブルや悩みに詳しい専門家の話も聞いて、知識や情報を参考にしたい。それがこの本の始まりである。

ただ、ふがいないと思っている側の人だけに話を聞くので、欠席裁判のようになってしまうのは必至だし、一方的な悪口大会に見える可能性もある。万人が納得のいく有効な対策も、ハッキリ言って、ないと思う。それでも、家族観やきょうだい観が人それぞれだからこそ、いろいろな考え方や価値観を知って、私のようにモヤモヤしている人が心を整理するきっかけにできれば、と思った。

特に、40代以降は、親が年老いて入院や介護が必要になることもあるし、実家の管理や整理などで面倒臭い手続きや想定外の出費が必要になることもある。家族の老い支度の諸問題が浮上するときに、どんな覚悟をしておくべきか、同じ思いをしている人たちと一緒に探っていきたい。

CONTENTS

3章　暴言を吐くきょうだい

4章　宗教にハマるきょうだい

※本書では、プライバシー保護の観点から、すべての人物を仮名にするなどしています。

1 章

実家から
離れない
きょうだい

「ふがいない」の説明は難しいところだ。序章でも書いたが、「厄介な」「面倒な」「頼りない」の複合体とでも言おうか。具体的には、「経済的に自立していない」「実家の親に生活を依存している」こと。あるいは、働いていて収入もあるが、問題行動があったり、性格や思考に難があること。ただし、そのきょうだいとは多少なりとも交流があり、音信不通や絶縁状態ではないことも重要だ。身内の話なので断られることもある程度、予測はしていた。一度は取材ＯＫとなったが、家族に話したらやめろと言われ、ドタキャンする人もいた。

　そしてもうひとつ特徴があった。とにかく男性は家族のことを話したがらない。当初は男女ともに取材を予定していたのだが、男性の拒否感が強く、ほぼ承諾を得ることができなかったのだ。聞き手の私に信用がなかっただけかもしれないが、とにかくガードが固くて、その扉を開くことができなかった。身内の話を恥と思っているのか、語れるだけの言葉をもっていないのか。あまりにも難攻不落だったので、あきらめた。

　ということで、取材させてくれたのは女性のみ。ふがいないきょうだいの行く末を案じる女たち、となった。取材を進めるうちに、共通したある問題も見えてきたのだが、それは後半でまとめることにする。まずは女たちの声を聴いてほしい。

家業継承という名のパラサイト

根本美代さんの兄と妹

根本美代《ねもとみよ》さん（39歳）は関西出身。インテリア関係の専門職に就いて約20年。関西で育った年月よりも、東京暮らしのほうが長くなった。夫と幼い娘がひとり。仕事は忙しく、実家に帰省するのも年末くらいだ。

「うちの実家、父（72歳）が一代で築いたパン屋なんです。母（66歳）も一緒に朝から晩まで働いていたから、いい意味であんまり子供にかまわない家でした。基本、何をやるにも親は不在。兄（42歳）と妹（36歳）と私の3兄妹は、子供の頃ずっと一緒にいたし、食事も3人で食べてましたね。わりと小さい頃から自立を促されてきたんですよ。私と妹は、共働きだから当たり前と思っていたけれど、お兄ちゃんだけは受け取り方が違っていた。もっと愛されたいとか、かまってほしいとか思っていたようで。その傷を長いことかけてこじらせて、大人になってから膿が出てきてるのかなっていう感じ」

今でこそ共働きは当たり前だが、約40年前は「母が働いていたら子供が可哀想」という風潮がまだ残っていた。兄は母に対して、理想の母親像を求めたようだ。いつも家にいて、子供たちにおやつを作り、優しく抱きしめてくれるような母親を。

「以前、聞いてびっくりしたのが、子供の頃のクリスマスの話。忙しい母は子供たちへのプレゼントを買いに行く暇もないので、私たち3人にお金を渡したんですよね。『これで好きなもの、買い！』って。私と妹は自分がほしいものを買えるから大喜びしたんだけど、お兄ちゃんはそれが嫌だったというんですよ。愛がない、子供のためを思って動いていない、と。それを大人になってからグチグチ言うから。なんでそうなるん？って」

逆に、美代さんはすぐすぐ自立した。小学校低学年のときに習い事をしたいと父に話したら、「自分で申し込んでひとりで行ってこい」と言われた。ピアノ教室の体験レッスンにひとりで行き、体験して肌に合わないと思った美代さんは「お父さん、やったで。でも私には、向いてなかったのでやめます」と報告したのだとか。

「お兄ちゃんはひとりだけ男の子なので、私たちにはわからないところでいろいろと我慢させられてきたのかもしれません。『男は我慢しろ』『長男なんだから』と言われたこともどうやら根にもってるみたいなんです。それが大人になって爆発しちゃって。もうとにかく何を言ってもキレる。常にイライラしていて、その原因もわかりにくい説明しかしないからちっとも伝わらない。結果、面倒臭いから母も何も言わなくなる。それはそれで、お兄ちゃんが余計にイライラを募らせる。悪循環なんですよ」

　当然、兄は父とも犬猿の仲。お互いが一生口をきかないぐらいの勢いだという。そんな兄と両親が毎日顔を突き合わせている地獄。それが美代さんの実家である。

年金も国民健康保険も払わず、すべて親任せ

　といっても、一緒に住んでいるわけではない。兄は実家近くのマンションを借りて、妻と息子と暮らしている。兄と妻は毎日実家に通い、パン屋を手伝っている。早朝からパンを焼き始める両親を手伝うのではなく、商品の陳列や包装、店番と配達、営業など。ビルの中に店舗と工房と事務所代わりのスペース、そしてその上に両親の住居があるものの、そう広くはない。厄介なのは店舗以外に出入り口がひとつしかないこと。両親は兄とあまり顔を合わせないよう、時間帯をずらしたり、隠れるように出入りをしているという。自分の家なのに、こそこそ逃げ隠れしなければならない苦悩たるや……。

「夕方には甥《おい》が学校から帰ってくるんだけど、家ではなく店に来る。なぜか母が夕食を作って食べさせているんですよ。兄夫婦の時間に合わせると遅くなるからとかなんとか。

いくらかわいい孫でも、毎日宿題やらせて食事も用意して、ってなるとストレスですよね。でもそれは父がそうさせているんですよ。『店を閉めてからでは遅すぎる。子供にとって可哀想だ』って」

なぜ、気遣いや優しさ、配慮は女性だけに強いられるのだろう。男性は口で言うだけ、実際に行動させられるのはいつも女たちだ。お母さんの実家も商売をやっていたせいか、根っからの働き者である。さっぱりした性格だが、兄に関するストレスが相当積み重なってきていることを、美代さんは一番心配している。

また、兄はマンションを借りて住んでいるにもかかわらず、住民票を移していない。税金や保険、年金の請求書は実家に届くわけだが、それをすべて親が払っているという。

「以前、母に聞かれたことがあるんです。『あんたたち、給料ってどれくらいもらうもんなの？』って。お兄ちゃんに給料をどれくらい渡すべきかわからない、と。金額はよくわからないけど、どうやらお兄ちゃん一家の保険も年金も全部支払っていて、さらに給料を払っている。会社で言えば厚生年金とか社会保険があるじゃないですか。母としてはそれの代わりみたいな感覚なんだろうけど。売上がよかったらプラス5万とか渡してるみたいで。お兄ちゃんに支払うことで母も自分の役割をはたしていると思っているのかも。でも、お兄ちゃんが働いていないときも渡してたらしいんですよね……」

兄はどういう経緯で家業を継ぐことになったのか。もともと両親は一代限りでパン屋をたたむつもりだったが、兄が家業を継ぐと言い始めたところから苦悩は始まる。

「お兄ちゃんは昔いじめられっこでした。勉強できなくて、高校も留年したし、アホなわりに変なところで小賢《こざか》しい部分もあって。それでも家業を継ぐと言い始めたので、父が修業に行かせたんですよ。実は、父のきょうだいも別の小売店を経営していたので、そこに兄を放り込んだんです。うちよりも手広く商売をやっているところだったし、職人を育てる仕組みも作っていた。親戚とはいえ厳しかったんでしょうね。兄はうまくいかず『もうあんなとこ、縁切ったるわ！』と勝手にやめて戻ってきちゃったんです。まあ、そもそも父がその親戚とも仲が悪くて、そんなところで兄がうまくいくはずもないんですけど……」

修業が本当に厳しかったのか、それとも兄に根性がなかっただけなのか、真実はわからない。ただ、兄からその経緯を聞いたときに、美代さんは確信したことがある。

「修業先でインフルエンザにかかったらしいんですよ。高熱でふらふらしているのに働かされたと父に愚痴をこぼしたら、『そんなのただの風邪やろ』と一蹴されたらしくて。父にかばってほしかったのに、逆に突き放されたことを今も恨んでいる。やっぱりお兄ちゃんは親に愛されたい・優しくされたい・認められたいという気持ちが強いんだなと」

親の愛情を渇望する兄の暗黒期

戻ってきた兄と父がうまくいくはずもない。険悪な父子関係だが、兄は家業を手伝うことをやめなかった。兄は兄で、真剣に家業を継いで、家を守ろうとしていたようだ。ほどなくして「この家に住んでいたら息抜きができない」と言い、家を出てマンションを借りた。その頃に付き合っていた女性と結婚もした。

「そもそも私は19歳で東京に出ちゃったし、とにかく仕事が忙しかったことと、会社をやめて独立したりで必死だったので、実家と連絡はとっていても一番遠い存在だったんですよね。お兄ちゃんが一番荒れたのは、もう10年以上前かなぁ。うつ病だったんですよ。朝起きられない、仕事に来られない、起きても夕方という状態が6〜7年あったらしいんです。父が精神科の受診を勧めても、お兄ちゃん自身が認めようとしない。『俺のことを病気だと思ってんのか！』とブチ切れる。とはいえ、家賃や生活費も必要だから、母は給料を支払っていました。実質、勤務時間が1日1時間でもね」

兄が仕事に来ないと聞いてはいたものの、美代さんはあまり重く受け止めていなかったという。ところが、兄のうつを機に、兄嫁も疲れ果てて、夫婦仲が壊れかけた。一時期、離婚の話も持ち上がったと知った美代さんは、実家に駆け付けた。

「さすがにヤバイ、異常事態だと思って。それがお兄ちゃんにはすごく嬉しかったみたいで。俺のために駆け付けてくれる妹、みたいな？　そんなところに感動されても、って感じだし、正直一番心配だったのは母なんです。もともと母は、兄のうつ病の原因が自分たちのせいでもあるんじゃないかと思っていたし、離婚と聞いて今までにないくらいショックを受けていましたから」

この大荒れのときに、兄は暴れたこともあったようだ。実家の壁に穴が空いていることがそれを物語っている。美代さんいわく、殴る・蹴るの暴行ではなく、ものを投げつけた跡ではないかと。父も怒るとものを投げつける人だったので、それを見て育った兄が同じようにやったと考えられる。

それよりも心配なのは、暴言のほうだ。兄の言葉で母は傷つきまくったという。その大半は兄が子供の頃の話で、子育てに関する恨みつらみ。要するに、母の子育てや人生を全否定するようなことだったそう。この話を美代さんは妹から聞かされた。

「妹が言うには、『お兄ちゃんの毒吐きにお母さんは相当傷ついている。言い返したり、私に愚痴ることもあるが、本気で深く傷ついたことに関しては一切しゃべらない』って。ちなみに、妹は親と同居しているんですが、実家にいるのは母のため、母の毒抜きのためだと。二言目には『最後の親孝行や』と言うけれど、まあ、妹にもちょっと問題があるんですけどね……」

ともあれ、兄の離婚は回避できた。自分がうつ病と診断されたことも、美代さんに話せるようになった。今もたまに暴言を吐くことはあるが、かなり落ち着いてきたという。

一言が足りない家

話を聞いていると、美代さんはこの家族をつなぐキーパーソンだとわかる。お兄さんは美代さんに絶大な信頼を置いているようだし、心の支えになっている部分もある。ひとりだけ遠く離れて暮らしているため、肌で感じられないこともあるが、逆に距離があるからこそ俯瞰《ふかん》できるという点もある。

「長い暗黒期はあったものの、お兄ちゃんはそれなりに頑張ってきたというか、ちゃんと考えてはいるんです。仕事のやり方についても、父と母は昔気質《かたぎ》で、時代に合わなくなってきている。30～40年前と変わらない固定観念のまんまなんですよね。お兄ちゃんの提案で売上が上がったこともあるし、そこは父も母も認めている。ところが、お兄ちゃんがまた『俺が頑張ったおかげや』みたいなことを、偉そうにこれみよがしに言うらしくて。そうすると、母は『ホンマひとりで頑張ったと思っとるようだけど、誰がやってると思ってんねん！　って心の中で思うねんけどな』と愚痴る。いや、直接ゆうたれや！　って」

どちらか一方だけの味方をせず、根本家を俯瞰できるのは美代さんだけではない。美代さんの夫・隆《たかし》さんも実はひそかにメンターとなっている。

「私、夫の実家に2世帯で住んでいて、すごく気づかされたことがあるんです。私の娘に対する義理の母や夫の接し方というか、愛情表現がすごく豊かなんですよね。おばあちゃんギューとか、お父さんギューとか抱きしめたりするんだけど、私はそんなことされた記憶はない。お兄ちゃんが求めていたのはこういうことだったのか、とわかりました。あとは、思ったり感じたりしたことを素直に言葉にして、確認するところとか。うちの家族に足りないのはこれだったか！　と思いました」

隆さんからは「根本家の〝相手を思ってますふうの聞かへん感じ〟がめっちゃ気持ち悪い」と言われたそう。一言聞けばいいだけなのに、変に気を遣って聞かない。一言で済む話なのに、相手にとってタイミングが悪いかもしれないと思って言わない。

もちろん、その背景には兄がいる。予測もつかないところでブチ切れたり、理不尽にイライラをぶつけてくる兄を、家族全員が腫れ物扱いした。腫れ物扱いされた兄はさらにイライラを募らせる。いつの間にか、聞かない・言わないが根本家のデフォルトになってしまったのだ。

「夫も一緒に帰省したときに、私と夫の何気ない会話を聞いて、お兄ちゃんが感動したって言ったんですよね。私たちが無意識に『お醤油取って』『ありがとう』、『ビール飲む？』『ありがとう』と当たり前に言っていただけなんだけど、お兄ちゃんが『それって気持ちええなあ』って。『ありがとう』でそんな感動されても、と思ったんだけど、それから兄夫婦は真似るようになったと聞いて。ええやんって思ったんですよね」

おそらく、お兄さんの中には「理想の家族・理想の夫婦・理想の親」があって、そうありたいという思いが強すぎるのかもしれない。

「兄嫁のサオリさんはものすごくかわいい人なんだけど、いつも仮面をかぶっているような、なんかこう心を開いていない感じなんですよね。明るい自分を常に演じているような人っているじゃないですか。そんなサオリさんにも『たまにはほめてほしい。けなされすぎると、私だって元気がなくなる』って言われたらしく、お兄ちゃんが反省したみたいです。ま、そもそもお兄ちゃんは、袖のボタンが取れかかっていたら知らぬ間に翌朝には直っている、みたいなことを妻や母に求める人ですからね」

そんな妖精や7人のこびとじゃないんだから……。ともあれ、美代さんと隆さん夫婦が兄夫婦に与える影響は結構大きい。少しずつ、兄は変わり始めている。嵐は過ぎ去ったが、決して凪《なぎ》ではない。というのも、この家にはもうひとつの対立構造があるからだ。

もうひとりの扶養家族

今まであまり登場しなかった妹にも触れておかねばなるまい。美代さんの妹・佳代《かよ》さんの話だ。佳代さんは3兄妹の中で唯一、大学を出た。小さい頃から頭がよくて、塾も行かなかったが、エリートコースを歩んだという。

「大学を出て、イベントプランナーの仕事でバリバリ働いていました。詳しくはわからないけれど、超大手企業に仕事を任されたり、賞をとって海外旅行に行かせてもらったり。だけど、頑張りすぎたんでしょうね、燃え尽きちゃって。会社をやめて、実家に戻ってきたんです。今はフリーで仕事をしているのかもしれないけれど、ほら、コロナもあって。ちょっと小休止状態みたいなんです」

つまり、お兄ちゃんの暗黒期のとき、佳代さんは実家で暮らしていた。兄と両親をつぶさに見つめてきたのは佳代さんだったという。ただ、現在仕事をしているかどうかはよくわかっていない。

「佳代ちゃんは若い頃に頑張って稼いだから、貯蓄はあったと思う。もともと貯金魔だったし。そのお金で今はなんとかなっているのかもしれないけれど、実家にいて、家賃も光熱費も払わず、健康保険や年金も親に払ってもらってるらしい。その割に、ぷらっと海外旅行に行ったりしているから、お兄ちゃんは気に食わないわけです。『家賃も入れてないのに、お前またどこに遊びに行くねん！』とか言われたらしくて。お兄ちゃんからすれば、自分は家業を手伝っているが、佳代ちゃんはただのすねかじりだと」

実は、妹のことは美代さんもさほど心配していなかった。若い頃に頑張っていたことも知っているし、激務で精神的に追い詰められ、ちょっと休んで自分を取り戻そうとしていたことも理解している。貯えも相当あったし、そこから自分の道を見つけられればいい、と思っていた。もともと頭のいい子なので、どうにでもなる。

そう思っていたものの、1年、2年と年月がたって、実家暮らしも長くなった。今は何をしているのか、収入はあるのかもよくわからない。わからないが、家賃や光熱費は払わず、公的な支払いも親に頼っていることだけはわかった。

「お兄ちゃんの毒吐きは親に向かっていたけれど、もし親がいなくなったら、サオリさんや甥っ子に向かうかもしれない。それは避けたかったから、なんとかしなくちゃいけないと思っていました。でも、佳代ちゃんは母の相談相手というか、聞き役になってくれている。『出ていこうと思えば出ていけるけど、お母さんが心配だから、いてるだけ』と言ってますし。正直、佳代ちゃんはひとりでも生きていけると思ってます」

父と兄が犬猿の仲、そして兄と妹も犬猿の仲。実家の空気はどうにもこうにもよろしくない。美代さんは個別に連絡をとることで、それぞれの思いや不満もなんとなく聞いてきた。要するに〝ボタンの掛け違え〟なのだと。

「そっちの話聞いて、こっちの話も聞くと、ボタンが1個だけズレてる。そこがぴっとはまったらめっちゃきれいやで、と思うんです。なんでその1個だけをみんな避けるん？　なんでみんな見て見ぬふりをするん？　そこを避けてきたことで、がちゃがちゃになってる。たったひとつやん、って」

俺が死ねばチャラになる

言葉が足りず、気を遣いすぎてぎくしゃくし、それをためこみすぎている家族。美代さんは半分はあきらめつつ、残り半分は心配もあるという。

「父にはまだ借金があります。私が小学生のときに確か9000万くらい借金をして、ビルを建て替えたり、支店を展開したんですよね。そのときに父が言っていたのは、

『75歳になったら返し終わる』。たぶん繰り上げ返済もしていないんじゃないかな。『俺が死ねばチャラになる』みたいなことも言ってたんですよね。今、72歳で頑張って仕事をしているけれど、実は心臓や腰の手術を何度もやっているんです」

働きづめだった両親に、本当は悠々自適の老後を送ってほしい。でも、父と母が働けなくなったら、パン屋はどうなるのか。

「父は腰の手術をした後も、あまりよくないらしいんです。調子を聞いたら『昨日よりはマシ、と思いながらいつも働いている』って。母は健康診断とか受けていないくせに、『あの子たちに頼るわけにはいかん！　私らでできる！』って。もう、その意気で頑張って、としか言いようがないんですけどね」

父が入院したときも、兄は一度も病院に行かず、送り迎えすらしなかったという。

「本当は頼りたいんですよ、父も母も。でも意地を張ってる。逆に、お兄ちゃんは面会にも行かなかったけれど、父が不在になったことでいろいろと考えたみたいです。自分ももっといろいろ覚えたいと言っていて。実は父のことを『おとんの技術はすげえ』って尊敬もしているんですよね。直接伝えればいいのに。まあ、でも誰かを蔑《さげす》んで自分を認めさせたいという思いは薄まってきたかな。お兄ちゃんがお父さんを尊敬しているなんて言葉を発するくらいだから、だいぶ自信を取り戻したんだなぁと思いました」

美代さんはそれぞれの思いを受け止めつつも、お金に関することには口を挟まないと決めている。夫・隆さんはもう少し距離を置いた意見だ。

「そもそもお兄ちゃんはさ、パン屋やるにしても、他に雇われるか、独立して自分で店出すとか、この家に頼らへんかったら、全部うまくいくんちゃう？　お父さんとお母さんも、別にこの家を継いでほしいとか思ってなくて、つぶしていいって言ってるんだし」

確かに、険悪な状態でギスギスするくらいなら、兄は兄で独立してやればいい。そう思うのは他人だからなのか。

「そうなんです。父と母が店をたたんで、ビルも売って、他に終《つい》の棲家《すみか》を買ってのんびり老後を過ごせばいいと思うんだけど、なんかね、お兄ちゃん的にはこだわりがあって。『そんなことをしたら、美代たちが帰ってくる実家がなくなるやろ！』って。いや、そんなん気にしないで！　今後、お父さんとお母さんがどうなっても、この家がどうなるとか、遺産がどうとか、もう全部お兄ちゃんが持っていっていいし、元気に過ごしてほしいとしか思わへん。まあ、妹もそうなったら出ていくだろうし。家族がバラバラになるのが嫌なんでしょうね。お兄ちゃんの理想の家族像がそれを許さないのかも」

家族とはこうあるべきという思いが強すぎた兄が、結果的に家族を振り回し続けた。

「理想の家族」とはいったい何なのだろうか。

繰り返す問題行動、身の丈に合わない浪費癖

林田瑛子さんの弟

「きょうだいはいますか?」と聞かれたら「いません」と即答。きょうだいの存在をあまり知らせたくない人がいる。林《はやし》田《だ》瑛子《えいこ》さん（45歳）だ。

「私、一時期は〝ひとりっこ宣言〟をしていました。本当は2歳下の弟がいるんだけど、話してもプラスにはならないので。とにかく〝かまってちゃん〟なんです」

43歳にして、かまってちゃんと言われてしまう弟・正孝《まさたか》さんは、どんな人なのか。

「弟はもともと気が弱くて、周囲に流されるタイプ。小学校の友達が中学校に入ってみんなやんちゃというかヤンキーになって、バイク盗んで改造したりしていて、そのグループにいたみたい。でも、いじめられたとかパシリにされたわけでもなく、ノリでダボダボの服を着て、仲間とつるんでるだけ。オラオラ系になるわけでもなく、喧嘩するほど根性も据わってない。周りが強いだけで勘違いしちゃってんのかと思って、『お前さ、そういうキャラじゃないんだから、やめたら?』って本人に言いましたけどね。弱いん

だから自覚したほうがいいんじゃないのって」

瑛子さんはサバサバした性格の人だ。一刀両断の物言いで裏表のない人である。ちょっと気弱な弟をふがいないと思うのは、性格の違いかなと思っていたら……。

「実は20年以上前に始まったんですよ、弟の厄介な言動は。当時、弟はうつ病の女の子と付き合っていたら、自分もうつ病になっちゃって。その子の通院に付き添ってる間に、何か自分もおかしいなって思ったらしくて。診察を受けたら『あなたはうつ病でパニック障害です』って言われて。病名がついたことによって、彼の人生の歯車が狂ったらしいんですね。もともと流されやすいから、ネガティブ思考の彼女とずっと一緒にいて、慰めたりしているうちに自分もそうなったらしいんだけど」

当時、瑛子さんも正孝さんも実家住まいだったが、正孝さんがどこの病院に行ったかも知らなかった。

「弟に本当に興味なかったから。まあ今もですけど。私は、自分が楽しむことが自分の人生だと思ってるんで、仕事も別に何だっていいし、楽しく生きることが一番大事。だから成人した弟に関わってる暇はないですよ。迷惑をかけなければいいくらいにしか思っていないし。その頃、弟は就職していましたが、結局会社に行けなくなって家にこもった。傷病手当っていうのかな、当時は毎月結構な額をもらっていましたよ。月給の7

～8割とか」

心の病ならば、正孝さんを責めてはいけない。しかし、家族は距離が近いだけに、思うところがたくさんあるようで。

「手当をもらっても働いていないから、金も時間も余るわけですよ。それでパチンコに行くんです。心が病んでいても体は元気なわけで、動けるんですよね。パチンコだけじゃなく、クラブに遊びにも行ける。でも仕事や家事はやらない。自分の好きなものを買い込んだり、彼女に貢いだり。自分が好きなことはできるわけ。私に言わせれば、『はぁ？　何それ』ですよ。手当も出ていたし、父も母も『病気だから』と思って、ハッキリ言えなかったみたいで」

弟が働いていた会社は、林田一家がご縁のある会社でもある。ただ、弟は日勤も夜勤もある不規則な勤務状態で、そこにうつ病の彼女という、いろいろと重なった状態でもあった。

「彼女とは結局別れたんですよ。でも次に付き合った女の子も、同じように、処方された薬を飲んでいる子で。普通にいい子だったんだけど、まあ、類は友を呼ぶみたいな感じだったのかな。で、弟も時々ワーッとおかしくなって、『俺は死ぬ！』みたいなことを言い出すようになったんです。それで薬のオーバードーズもやりましたからね。しかも3回も」

消費者金融から200万借りていた

オーバードーズ、つまり薬の大量服用。ただ事ではない。家族は複雑な思いを抱え込んでしまう。

「1回目は、私がちょうど旅行から帰ってくる途中、当時の彼女から電話が入って。『お姉さん大変です』って。急遽予定を変更して、私はそのまんま救急病院まで行く羽目に。病院に行ってみたらカテーテル入れて、胃洗浄されてて。私や家族の時間を奪うのが腹立たしいし、なによりも親より先に死ぬなんて、親を苦しめるだけじゃないですか。私は弟が死んでも3年くらいで忘れるけど、親はそうはいかない。その身勝手さが一番許せなかったんですよね。だから私は母親に『もし2回目があったら助けるな！』って言いましたよ。その自殺未遂の前にもいろいろとあったもので……」

強烈な言葉かもしれないが、瑛子さんは育ててくれた親への思いも人一倍強いことがわかる。それゆえに、親に心配をかける弟に対しては厳しくなる。

実は、働いていない正孝さんが借金をしたこともあったという。

「休職中の弟がカードのキャッシングで借りまくり、消費者金融にまで手を出してたことが発覚したんです。うちの父親が大嫌いなんですよ、そういう借金とかカード払いとか。父親が『とりあえず全部洗いざらいまとめて出せ。一括で返すから。それで、お前がその金を俺に返せ』と、全部清算したみたいですが、全部で２００万ぐらいと聞いてます」

　実家暮らしで、食う寝るに困らない上に、傷病手当ももらい、生活が苦しいわけではない。そんな大金をなぜ正孝さんは借りてしまったのか。

「自分の弟をこんなふうに言うのもなんだけど、ええかっこしいで私が最も嫌いなタイプ。自分をよく見せたい、人によく見られたいんですよ。だから、他人には親切ですごく優しい。雨が降ったら車出してあげるとか、お金がないのにご飯おごっちゃうとか。人様の相談に乗ったりして、すごい偉そうに話してるんですけど、私に言わせれば『仕事もろくにしてないくせに何言ってんの？　まともに働いてから言えよ』って。でも、本人は悦に入っちゃってるから、なんか滔々《とうとう》と説いてる。挙句、借金ですよ？　結局それも父親に返したんだかどうか。月に3万だか払ったというけれど、それは生活費であって、借金の返済ではない。その線引きがないから、うやむやですよね」

　お金にだらしないきょうだいについては2章でまとめて触れるが、ルーズな金銭感覚の持ち主に対しては身内の目線がよりいっそう厳しくなるものだ。正孝さんも心の病といえど、姉の怒りの導火線に火をつけてしまったようだ。

叱れない親の代わりに憎まれ役

「2回目のオーバードーズも大迷惑。夜中でしたけど、私は外に出ていて、銀座で友達を待っていたんですよね。そこに母親が電話をかけてきて、正孝が帰ってこないという。『ほっとけば?』と言ったんだけど、様子がおかしいっていうんです。どうやら置き手紙があって、自殺をほのめかすような内容だと言うんで、急いで帰ったんです」

　自宅に戻った瑛子さんが目にしたのは、『俺は死ぬ』『俺のことはもう探さないでくれ』『今までありがとうございました』と長々書いた手紙だった。

「ダラダラと書いてあるんだけど、なんかもうポエマーになってて。自分に酔いしれてポエム書いてるんですよ。そのくせちょこちょこ電話してくるんだから、本当に死ぬ気はないわけ」

　薬を大量に飲んだ正孝さんは、都内の実家から千葉の海浜幕張まで、ひたすら自転車をこいでいき、千葉の浜辺で見つかったという。

ご両親も「病気だから」という理由で、息子を強く叱ることはできない。結果、長女の瑛子さんがその役割を担うことになってしまったのだろう。

「この頃から弟に繰り返し言ってきたことがあるんです。両親が亡くなったらうちの家族は解散、私には関わってこないように、と。あなたに人生を邪魔され続けるのは勘弁。今後、私も邪魔はしないし、助けもしませんから、ってね」

繰り返す問題行動、身の丈に合わない浪費癖。正孝さんの20代は家族を振り回し続けた。

「私、思うんだけど、恵まれた環境にいて、そういうことになること自体に腹が立つのね。小さい頃に親に暴力振るわれたとか、食べるものもないぐらい貧乏だったとか、そういうんじゃない。親にも愛されて育ったし、親戚付き合いもちゃんとあるし、友達だってたくさんいる。『何が必要だったの?』って。だから弟の気が知れない。私の心身が健康だから、そう思うのかもしれないけれど……」

ふがいない息子に対して、母親は時折、自分を責めていたという。「私の育て方が悪かったのかな……」とよく口にしていたそうだ。そのたびに瑛子さんは反論した。

「いや、違うから。私も同じ育て方してるんだし。育て方が悪いんじゃない、育ち方が悪かったんだって。お母さんのせいじゃないし、あいつの環境が悪かったんだって。それも、思春期の多感な時期ならまだしも、20歳を過ぎた成人がそうなったのは、誰のせいでもなく自分のせいなんだからっていう話をしました」

責任感もストレスも感じている母親に対して、甘えている弟が許せなかった瑛子さん。

「いつだったか、弟が家にこもって働かない時期、母親の作った夕飯に対して文句をつけたんですよね。ミックスベジタブルってあるじゃないですか。お弁当の残りかなんかだと思うんだけど、食卓に出したんです。それに対して弟が『なんだよ、弁当じゃないんだから、他になんかないのかよ』って。それを聞いて私は『お前さあ、ひきこもって家に一銭も金入れないで、飯食わしてもらって何様なんだよ！』って。そうしたら弟も逆ギレして『じゃあいいよ！　食わねーよ！』と、茶碗を流しに投げたんです。あのとき、私も初めて頭に血が上るという経験をしましたよ。頭に血が上ると、手の指先が冷たくなるんですよね。手が寒くて震えるくらい。それで『いい加減にしろよ！』って追っかけたら、弟が玄関先でパタッと倒れて、ガタガタ震えて嗚咽《おえつ》し始めたんです。『てめえ、私の靴にゲロなんかかけたらタダじゃおかねーぞ！』っつって追いかけたら、母親が『やめて！　もうそれ以上追い詰めないで！』って止めに入ってきて。確かに追い詰めたかなって後から思いましたけど、家事すべてをやってくれている母に対して弟が当然のような態度をとるのが許せなかった。一事が万事、そんな感じでした」

瑛子さんは弟に対して非常に冷ややかだ。ある疑問も抱いている。

「本当は薬飲まなくても、量をすごく減らしても大丈夫なのに、そうしない。みんながかまってくれるから。悲劇の主人公になりたがってる感じもするんですよね。同じ病気の人に失礼かもしれないけれど、うちの弟の場合は演技が入ってるんじゃないかと疑ってしまうんです」

承認欲求のかたまり

母親は約10年前に体調を崩して入院した。大腸がんだった。専業主婦だった母が不在となった家は、瑛子さんに託された。掃除、洗濯、家事全般を一手に引き受けることに。

「母親が全部やってくれていたことなので、私もちゃんとやらなきゃ、と思いましたね。たぶん、母親がいない不安をかき消すためにも、無理していろんなことやってたんだと思う。何にも手伝わず、姉が家事をするのが当然、みたいな顔をしている弟を見ると、また腹立って。ちょっと掃除機かけたくらいで『俺も頑張ったでしょ？』みたいな。本人からすれば『普段やらない俺がやってるんだから、そこはありがとうでしょ？』みたいな。承認欲求が激しいというか、感謝されたい、ほめられたいわけ。で、弟は面会にしょっちゅう行くんだけど、病床の母親に愚痴と文句ばっかり言っていたらしくて」

母は、一度は退院したものの、5年前にがんが再発し、亡くなった。

「母が死んだ日も腹を立てたことを覚えています。病院から朝6時前に電話がかかってきて、電話が鳴った瞬間に全員が〝お母さんが死んだ〟ってわかったんですよね。起きた瞬間にみんな着替え始めて、すぐ病院へ向かったけれど間に合わなくて。すでに霊安室にいた母を見て、もちろん私も泣いてるんだけど、弟が『もっと親孝行がしたかった』とか『○○するって約束したのに』みたいなことを言ってんですよ。こんなときまで演技かよと思って。悲劇の主人公気取り」

母が亡くなった後、正孝さんは働けるようにはなったものの、あまり長続きはせず、アルバイトを転々としているという。それでも、借金などの問題行動はなくなった。瑛子さんに無心することもない。もともとは人好きのするタイプで、友達がいないわけでもない。

「ただ、地元の友達も40過ぎたら、みんな結婚して子供もいて、まっとうに働いていますからね。『お前、何やってんの』って諭されたり、現実を突きつけられるから、あんまり会ってないんじゃないかな。連絡はとっているだろうけれど。それよりも、なんというか、同じ病気とか同じ薬を飲んでいるような人とＳＮＳでつながったりしてるんですよ。Facebookで関西の人とかと知り合って、そっちまで行ったりとか。いい人ぶってるっぽいんですよね。しかも、病気を自己ＰＲの一環くらいに思ってるフシもあるんですよ」

関西の人が救急車を呼んでくれた

平穏を取り戻したと思っていた矢先、また正孝さんがオーバードーズをしたことがあった。それは瑛子さんが休日、家で昼寝をしていたときのこと。

「父は仕事でいなくて、私は自分の部屋で寝ていました。ものすごい勢いでチャイムが鳴らされて、ドアが何度もノックされたんですよ。弟も家にいたので、そのうち出るだろうと無視して寝ていたら、大声で『林田さーん、林田さーん！　ハヤシダマサタカさーん!!』って弟の名前を呼んでるの。ドアを開けたら救急隊員が来ていて。『大阪の人から東京消防庁に連絡があって、ハヤシダマサタカさんの様子がおかしいから見に行ってほしいと、住所も言われまして……』っていうんです」

正孝さんはどうやら部屋で、大阪の友人とチャットか電話をしていたらしいのだが、その途中でおかしくなったため、その友人が通報してくれたという。

「弟の部屋に入ったら、すっごいイビキかいて寝てるんですよ。ひっぱたいて起こそうとしても、アー、アー、みたいな状態。『これ、薬いっぱい飲んでますね』って救急隊員が。またかよ！　って。救急隊員に『じゃあ運びますから、お姉さんも！』って言われて、急いで着替えて付き添ったんです。病院での手続きも面倒だったけど、まずは連絡してくれた人にお礼しなきゃ、と思って。弟のスマホを開こうとしたんだけど、暗証番号がわからないから押し間違えすぎてブロックされちゃった。しょうがないから私のスマホで、弟のFacebookを探して、関西の人をたどっていったんですよ！」

今の時代、顔や名前がわからなくてもＳＮＳをたどればつながる。それはおそろしいことなのだが、この緊急事態では非常に助かったという。命をとりとめた弟が、その命の恩人にちゃんとお礼をしたかどうかはわからない。

何もしない弟に慣れちゃってる

そんな弟に愛想も尽きた瑛子さん。今年初めに実家を出たという。実は瑛子さん、約2年前に結婚した新婚さんでもある。

「旅先で出会ったんですが、ダンナはもともと海外生活が長く、両親も海外に住んでいる。わりと自由な人なんです。一時期、私の実家に一緒に住んでいたときに『瑛子は家政婦みたいだよね』と言ってましたね。私が父のために朝から晩まで家事をこなすのを不思議がりました。『なんで家族なのに助け合わないの?』って。ダンナいわく『マサ(弟)が心の病気なのはわかるが、手も足もついて歩けるのに、なぜ何にもしないんだ?』って。まあその通りなんですけど、もう説明するのも面倒臭いから……」

その説明には、瑛子さん独特の考え方があるようだ。

「ちょっとだけ一緒に住んだ人って、やっぱり正しいことを言うんですよね。でも、ずーっと一緒に住んでる人は面倒臭いんですよ。何もしない弟に慣れちゃってるから。そんなことはとっくのとうに言ってんだよ、だけど直らないんだよって思っているから。それを言うことで、こっちも嫌な思いをするから。何でも自分で動いちゃうのは自己防衛のためでもあるんです。私が傷つきたくない、嫌な思いをしたくないからやっちゃうみたいな」

夫の家族は両親ともに元気だが、海外に住んでいる。家族に関する考え方もまったく違うという。

「ダンナの両親は、自分たちの死後の相続とか遺産とかについては、すでに弁護士が入って、話し合って決めているんですって。話が全部ついてるんで、もめることもないし、全部スムーズにいく。だから、ダンナが『お母さんもいないんだし、お父さんと弟と3人で話し合え』って言うんですよ。でも、生きている親に死んだときの話なんて、普通はできないじゃないですか？　それがすごいお金持ちで、財産でもめるような家にとっては大事だと思うけど、一般サラリーマン家庭でそういう話をするのは、お父さんのことを傷つけることになるじゃないですか？　でも近いうちに話をしなくちゃいけないかなとは思っています。弟から文句言われそうだけど」

瑛子さんのお父さんは現役で働いているし、元気だが、72歳だ。瑛子さんは家を出たものの、弟はまだ実家にいて、すねをかじっている状態。

「まあ、父からは『俺は直葬でいいから』とは言われてるんですけどね。死んだら病院から焼き場にそのまんま運んで、できるだけ金をかけるな、って意味ね。『通帳とはんこはここにあるから』とも言われました。弟は信用ならないから教えていないみたい」

常に不安要素をほしがるのは……

母が亡くなった後、瑛子さんは実家の生活費用全般を見直したという。基本的には光熱費や生活費、車検代や固定資産税などもすべて父親が担っていた。

「一軒家なので、光熱費も水道代も普通のひとり暮らしよりはかかるじゃないですか。父親も『金がない』と言い始めたんです。たぶん弟が父親に頼りっぱなしで、依存しているのがわかったからでしょうけれど。電気のアンペア数を下げたり、毎朝配達してくれる牛乳をやめたり、いろいろと見直したんですよね。ウォーターサーバーだって、蛇口ひねれば水が出るんだから不要。ところが、弟がカップラーメン食べるのに必要とかなんとか言って。その代わりに『新聞をやめて、オヤジがタバコをやめればいい』って言ったんですよ。父親が毎朝新聞を楽しみにしているのに！　だったらお前が金を家に入れろ！　っつって。そもそも１００円のカップラーメンをそんないい水で作ること自体が矛盾だっつって」

　その後しばらくの間、正孝さんは瑛子さんに電話やＬＩＮＥで頻繁に連絡をしてきた。特に、瑛子さんが忙しいときに限って。

「助けてとは言わないんですよね。『どうしたらいいのかな』みたいな言い方をする。『いや、自分はどうしたいの?』って言うと『いや、どうしていいかわかんないから相談してんだよ』って言う。『お前のことなんか私にはわからないんだから、お前がどうしてほしいかわかってから連絡くれる？　話を聞くだけだったらいいけど、そういうわけじゃないんでしょ？　話聞いてほしいときは、先に愚痴なんですけど聞いてくださいとか、一言枕詞《まくらことば》をつけてくんない？　何か相談する体《てい》で電話してきて、何も相談事がないのは時間の無駄。私もそんな暇じゃない！』と突き放す。この繰り返しですよ」

　そして、あるときから正孝さんは父親に関することで連絡してくるようになった。

「父親はむちゃくちゃ元気なんですけど、弟が勝手に心配して、いちいち報告して相談してくるんです。『オヤジが飯をむちゃくちゃ食べる』とか『休みの日は寝てばかりいる』とか『タバコもすごい吸うし、時々せき込んでる』とか『味噌汁に火をかけっぱなしだった、ボケてる』とか『たまに遠い目をしている』とか。もうそんなの今に始まったことじゃねーよ、ってことばっか。なんか常に不安要素がほしいのか、いつも誰かのことを心配していないと気が済まないのか。たぶん優位に立ちたいだけなんだと思う」

　父親は掃除も洗濯も全部自分でできるし、現役で働いているので休日は一日中寝ているのも当然。タバコもずっと吸っているし、よく食べるのも健康な証拠。お金の管理もきっちりできる。

　以前は弟の電話やＬＩＮＥにいちいち付き合っていたが、聞いても何も解決しないことがわかった瑛子さん。今は直接、父親に確認するようにしたという。

「もう弟にかまっていられないので、直接確かめることにしたんです。私が実家を出てからは、面倒臭い報告は減ったかな。たまに実家に顔を出しますが、部屋がきれいに片付いているから、びっくりしました。父親と弟の間でバランスとれているみたい」

スペースシャトルの切り離し状態へ

　過去のエピソードを並べてみると、瑛子さんは「弟に厳しすぎる」という印象が残るかもしれない。もちろん、瑛子さんの中でも逡巡《しゅんじゅん》はあった。

「病気だから、言えなかった時期もありますよ。ある程度、強い言葉をやめてたんですよね。『それはしょうがないじゃん』とか『そういうところ、もうちょっと待ってみようよ』みたいな感じで、なだめたり、濁したことも多々あります。でも、もうここまできたら、切っていく準備ですよ。切り離しの段階。スペースシャトル打ち上げ後に不要な部分を切り離していくみたいな。お父さんが死んだら関係性は終わり」

　心に決めていることは、弟にはお金も貸さないし、力も貸さないこと。

「だって結局、私がもし弟に尽くしても、振り回されるだけ。お父さんには力を貸しますよ。だってお父さんには育ててくれた義理があるからね。でも弟には義理もない。何も返ってこないから金も時間も無駄。私はそういう無駄なことはしない、と決めたんです」

心の病気を抱えるきょうだいについて

働くことが難しいきょうだいに対して、家族が腫れ物扱いをしたり、ぎくしゃくするケースもあった。そもそも心の病気に対する理解が追いつかないこともある。『どうする？ 家族のメンタル不調』の著者で産業医・精神科医の井上智介先生にお話を聞いてみた。

「うつ病などの心の病には、回復の過程があります。ストレスの度合いでいうと、『休んだほうがいい』ゾーンと『働ける』ゾーンの間には『遊ぶことはできる』ゾーンというのが絶対にあるんです。つまり、遊ぶことはできるが働くにはまだハードルが高いという状態。僕らから見れば決して悪い状態ではなく、回復の兆しなんですよ。外に出たり、活動力が上がってきているわけですから、ゆくゆくは仕事につながるといいなと期待もできる。でも、世間は仕事をせずに遊んでいる状態を許してくれませんし、家族はなおのこと厳しい目で見てしまうんです」

同じ屋根の下に住んで、ケアをしてきた家族だからこそ、苦々しく思うこともままある。それがお金に関わることとならなおさらだ。

「躁うつ病で、躁状態のときには、いきなり金遣いが荒くなるのも症状の特徴です。

『自分はなんでもできる、来月にお金も入るから支払える！』という万能感がすごいんですよ。急に車を買ってきたり、高価な買い物のローン契約を勝手にしてきちゃったり。支払うなりキャンセルするなり、尻拭いするのは家族ですからね……。常々お話ししているのですが、心の病を抱えている人のケアは、自分に余裕がないときはやめたほうがいいです。メンタルケアは仕事として成り立っているくらいですから、本来は素人が情だけでできることではないんです。それでも家族だから、きょうだいだから、世間的な目もあるから、自分が面倒をみなくちゃと思う人が多いんですよね。でもね、世間はいろいろ言ってくるかもしれないけれど、助けてはくれません。だから世間体を気にする必要はないんですよ」

　井上先生の著書の中でも、「世間が思うケアと現実の間にギャップがある」という文言が目を引いた。きょうだいが疲弊するケースを山ほど見てきたからこその苦言も呈する。

「正直、きょうだいが支えていくハートウォーミングな話なんて、現場では本当にレアケースです。きょうだいって実は距離をとろうと思えばとれる関係じゃないですか？心の底ではもう関わりたくない・縁を切りたいと思っている人が多いのも事実。それでも責任感が強い人や世間の目を気にする人は、頑張りすぎて疲弊する。逆に、ケアするほうが病んでしまうパターンもめちゃくちゃ多いんです」

そもそも、誰に、どこに、相談したらいいのか、という入り口の問題もある。本人が受診を拒否するケースもあったので、ハードルは高そうだ。高いけれど、手はあるという。

「第三者の介入は基本あったほうがいいですからね。まず、家族として頼りやすいのは精神保健福祉士。ＰＳＷ（Psychiatric Social Worker）と言いますが、ＰＳＷがいる病院の精神科を探して、相談してみるといいです。全国の精神保健福祉センターや保健所にもいます。保健や福祉など制度の話にも詳しいので、きょうだいの今後の生活を見据えた話ができるはずです。最初のステップとしてはおすすめです」

病気の治療だけでなく、お金の話も重要だ。働けないきょうだいに「頑張れ」「働け」とは言えないものの、経済的に支えるとなると負担も大きい。生活保護や障害年金という選択肢も含めて、ＰＳＷはしっかりアドバイスをくれるそう。

「また、あまり知られていないのですが、『精神科訪問看護』もあります。家に看護師やＰＳＷが来てくれる制度で、精神科にかかっている人であれば誰でも利用できます。本人と大切な話や約束事をするときには、第三者のプロがいたほうがいい。壁を壊すとか、暴言を吐くとか、突然高価な買い物をしてきたとか、約束を守ってくれない場合、いくら家族やきょうだいが悲しんだり苦しんだりしていると言っても、1対1では伝わりません。お金の話で言えば『自立支援医療制度』もあります。主治医の診断書は必要ですが、医療費が原則1割負担になります。自治体の障害福祉課などに相談してみてください」

　精神疾患をかかえた家族の「家族会」も検索すると、サイトがたくさんある。きょうだいに限定した家族会もあり、悩みを聞いてくれそうだ。

「しんどいことを吐き出せる場所は非常に大事で、メリットも大きいですが、誰にもわかってもらえないからこそ同じ境遇の人に依存しちゃうというパターンも少なからずあるんです。悩んでいるのはこっちなのに、相談というか愚痴のＬＩＮＥが毎日きてしまうという話もありました。あとは『私のほうが大変、あなたのところはまだマシ！』という〝しんどいマウント〟を取ってくる人もいます。そこの関係性に変にハマりやすい人もいるので、『しんどさをそこに置いて帰ってくる』くらいの感覚で、お付き合いはその空間だけに限ったほうがいいです」

負担を減らす「入院」も視野に

そして、精神疾患のきょうだいの場合、入院をもう少し気軽に考えてもいいという。入院は最終手段というか、かなり重い症状の場合に限られると思っていたのだが……。

「『レスパイト入院』といって、休息のための入院を勧めています。高齢者の介護でいえば、ショートステイのような考え方ですね。2〜3か月かけて治療にしっかり時間をとれますし、家族も離れる時間が必要なんです。精神疾患は長期戦ですから、最終手段ではなくて、むしろ入り口と考えてもらってもいい。健全な距離感をとるという意味でも、患者さんの家族には勧めることが多いです。タイミングとしては、自殺未遂を起こしたとき、暴言や暴力などでトラブルを起こして警察沙汰になったり、損害賠償を請求されたときなど、何か『こと』が起きたときですね。中途半端な関わり方は、結果的に本人も自分も苦しめるので、決断と覚悟は必要です」

実際、入院をきっかけに、きょうだいと距離を置くことができたケースもある。

「世知辛い話をすると、本人が治療費を払えずにきょうだいに請求がいくこともたくさんあります。退院後、生活保護を申請するにしても、同居して働いているきょうだいがいれば、役所は『あなたが養ってください』と言って、出してくれない可能性もあります。要は『分離』が必要で、独居してもらうためにも入院はターニングポイントになるんですよ。独居で働けず、生活保護になれば医療費もかからなくなります。本人の負担も減らせるし、きょうだいとしても、健全な距離を保つことができるようになりますからね」

うつ病や統合失調症などの精神疾患を長期間抱え、働けないきょうだいに対しては、障害年金を申請する方法もある。

「例えば1日3時間しか働けない場合でも障害年金がもらえるケースもあります。働いていたら出ない、というシステムではないんですよ。ただ、病歴が長かったり、複数の病院にかかっている人の場合、申請もややこしくなるので、社会保険労務士に手を借りたほうがいいかもしれません。等級にもよりますが障害年金が受けられれば、2か月に1回、20万円程度を受給できます。きょうだいの安定とご自身の安心につながると思いますよ」

細い糸をたくさんつないでいくこと

公的な制度も含めて、サポートの手はたくさんあったほうがいい。心の病をもつきょうだいのことを相談できる相手がいるかどうかも大きいという。

「数を増やすのは非常に大事です。もちろん医師や看護師、専門家を挟むのはベストですが、きょうだいのことを話せる人が他にもいることって重要なんですよ。きょうだいの自分しかいないとなると、1本の糸に負担がかかりすぎてしまいます。専門家以外でも、親しい友人でも夫でも恋人でもいいので、細い糸をたくさんつないでおいて、いかに交差させて強固にできるか。家庭内の問題ってクローズにすればするほど、自分自身が苦しむので、いかにオープンにできるかというのも実は重要です」

きょうだいのことを話せる人がいること、サポートの手を広げること、ケアやお金に関する制度を調べて、入り口を提案すること。できることは意外とあるが、やるかやらないかは自分次第でもある。

2章

金の
無心をする
きょうだい

金の切れ目が縁の切れ目、と世間は言う。

ただし、そう簡単にきょうだいの縁を切ることはできない。無心されても断れない理由は、決して血縁や人情だけではない。断ったが最後、家族以外のよそ様にご迷惑をかけてしまう可能性があったり、親が住む自宅を担保に銀行から勝手に借りたり、あるいは消費者金融や質《たち》の悪いスジのところから金を借りてしまう危険性もある。それならば、家族内で解決せねば、と思ってしまう人も少なくない。

それこそ、ふがいないきょうだいの思うつぼである。

「次の給料で必ず返す」「倍にして返す」「宝くじ当てて返す」の言葉は、ハッキリ言って、返す気ゼロと同義語だ。家族内だからといって借用書をとっていなかったとしても、貸したほうは貸した時期や金額を覚えている。ところが借りたほうはすっかり忘却の彼方。借りたことすら覚えていない。すっとぼけるのではない。本当に忘れてしまうのである。

「家族の金は俺の金、おまえの金は俺の金」という、いわゆるジャイアン思考のきょうだいに対して、どう対処すべきか、考えていきたい。

投げ銭で200万使い込む

小津ひかりさんの姉

「うちの姉ちゃん、子供の頃は優秀だったんだよね。勉強もできたし、サッカーやってたんだけど、全国大会で優勝したりもしてね。もう何でもできる子だったの。例えば、学校で絵を描くと、ナントカ大臣賞とかもらっちゃったりして。姉ちゃんの絵が来年度の教科書に載ります、みたいな。だから、昔は『お姉ちゃんはこんなにできるのに、あなたは……』ってよく言われた。まあ、私は遊んでばっかりいたから当然だし、それがコンプレックスとは思わなかったけど」

そう話すのは、小津《おづ》ひかりさん（38歳）。2歳上の姉・あかりさん（40歳）は優等生で人気者。そんな姉がなぜ、ふがいなくなってしまったのか。

「姉ちゃんが高校生くらいのときかな、よく泊まりに来ていた女の子がいたんだよね。母親も最初は歓迎していたんだけど、あるとき姉ちゃんが『私たち、付き合ってるの』って。そうしたら母親が『もう二度と家に来ないで』って追いはらったの。『もう気持ち悪い』『女同士で付き合うなんて考えられない、一緒に食事もしたくない』って。それで姉ちゃんは激怒して、家にあんまり帰ってこなくなった。確かその後にロサンゼルスに留学したんだけど、帰国後は家を出てっちゃった。そこからは音信不通に」

そもそもひかりさんとあかりさんが子供の頃に両親は離婚。父親は亡くなり、一時期母方の家に引き取られたものの、そこで過ごした数年は地獄だったという。ひかりさんもあかりさんも多感な思春期のとき、母親が結婚を繰り返し、連れてくるのがほぼ全員、ダメ男だったそう。借金のある男、暴力を振るう男、覚醒剤使用で逮捕された男もいた。

「本当にひどかった。酒癖悪くて。暴力におびえて毎晩寝られないとか、なんかすごい、いろんなことがあったから……。私が中学生のときに、もうあいつを殺すか自分が死ぬかしかないと思ってた。包丁を持って階段上がったこともある。あの家には異父きょうだいもいたんだけど、恐怖で支配されてるみたいな家だったのね。なんかさ、尼崎《あまがさき》で起きた事件があったじゃない？　家族同士を疑心暗鬼に仕向けるような支配で、身内が殺し合ったりしたっていう。本当にあんな感じ。みんなおかしくなっちゃって、家の中がぐちゃぐちゃになって。耐えられなかったから、私も結構早くに家を出たんだよね」

ふたりとも20歳になる前に、家を出た。姉もひかりさんも携帯電話の番号を変えてしまったので、数年間は連絡が途絶えた。久しぶりに連絡がついたのは、共通の友人がいたからだった。
「その子だったか、その子の妹だったか忘れちゃったけど、うちの姉ちゃんと連絡とっているって聞いて。まあ、何かあったら連絡するように言って、って伝えたのかな。私と姉ちゃんは親のこと大嫌いだったから、そこは共通点がある。お互いを嫌いなわけではなかったし。私は家を出た後、すぐに歌舞伎町で夜の仕事を始めて、新宿に住んでいたのね。姉ちゃんは何の仕事をしてたのかわからないけれど、当時は茨城か千葉に住んでて、『飲み屋で働きたい』って言うから、知り合いの店を紹介したんだよね」

ひかりさんはトークも秀逸、気配りと目配りもできる。客商売がうまい。今は都内で飲食店数店舗を経営するやり手だ。20代の頃からいわゆる太客《ふときゃく》もつかみ、順風満帆だったが、姉はそううまくはいかなかった。

「六本木の店を紹介したんだったかなぁ。でもいきなり入っても、歩合のお店でお給料が安いところだったから、最初からうまくいくわけがない。だから、私がお客さんを連れていって。当時は一晩で数十万使ってくれるお客さんがいたからね。それでもやっぱり大変で、店を転々として。『もう住むところがないから』って言って、うちに転がり込んできたんだよね。私もいいよ〜なんて言ってたんだけど、まあ、とにかくだらしない。何でもやりっぱなしで、皿は洗わないわ、洗濯もしないわ、それでいて光熱費も家賃も一切払わないの。1回も払わなかったと思う。完全に居《い》候《そうろう》。最初は『払うよ』なんて言ってたのにね」

電波遮断で姉をブロック

多感な時期に家の中が大荒れで、家出しがちだったひかりさんとあかりさん。よく考えてみたら、同居していたという記憶がほとんどないという。そんなふたりが同居を始めたら何が起きたのか。

「姉ちゃんは子供の頃ちやほやされていたせいか、とにかくだらしないんだよね。仕事に行っても酔っぱらってベロベロになったりして。それでもお客さんは面白がって甘やかしちゃうから、どんどんどんどんだらしなくなっちゃって。知らない女を勝手に連れ込んで、家に帰ったら誰かがいるのは日常茶飯事。私だって疲れて帰ってきてるのに、知らない人がお風呂場から『おはよう♪』って挨拶してくる。びっくりするし、私の家なのに何やってんだ、みたいな。たまにさ、共通のお客さんが家にいたりとかしてね」

ひかりさんの知り合いや友達と付き合い出したことも多々あったという。なんとなく気まずそうだけれど、あかりさんはおかまいなし。

「私の友達がうちに泊まりに来たとき、姉ちゃんとそういう関係になったらしくて。私は『あれ、昨日と雰囲気がなんかちょっと違うぞ』ってすぐ気づいたんだけど、言わなかったのね。1か月ぐらいたって、その友達から『実は話したいことがあるの。あの日に……』って切り出されて。とにかく私の知り合いや友達に手を出してた。姉ちゃんは姉ちゃんで、友達から『ひかりはしっかりしてるのに、あんたは……』って比べられるのがすっごい嫌だったみたい。私の話をすると怒り出すんだってさ」

ひかりさんの優しさや懐《ふところ》の深さに甘えるのもわからなくはないが、一銭も払わない居候ならば、多少のうしろめたさや肩身の狭さなどはないものか。たまには家事を手伝ったり、何かおいしいものを買っておいたり、感謝の気持ちを伝えるものだが、あかりさんはそういう心配りや気遣いを一切しなかったという。

「もう、迷惑かけるだけ。一日中ずーっと誰かに電話かけてるから、うるさいの。朝帰ってこっちは早く寝たいのに。眠れないから余計にイライラしちゃって。今はもう規制されていて売ってないと思うんだけど、当時、携帯電話の電波を遮断する機械があったんだよね。それを秋葉原で買ってきて、姉ちゃんが電話かけ始めたら、ポチッてボタンを押すの。そうすると、本当に切れちゃうの。ざまあみろって思って」

当時、数万円したという電波遮断機。とにかく姉のおしゃべりがうるさくて、強硬手段に出たという。ただし、ひとつ問題が……。

「ボタンを押している間は、私の携帯も使えなくなるという。それも困るからやめちゃったけどね。そんなこんなで2～3年はいたのかな。私も疲れちゃったから、一緒に住めない、出ていけって言ったんだ。その後が、もっと問題でね……」

　ひかりさんに追い出された後、あかりさんはお客さんが持っているマンションの一室に転がり込んだという。5～6年はそこに住んでいたようだが……。

「そのお客さんはマンション1棟丸ごと持っていて、一部屋ぐらいいいよ、みたいな感じで貸してくれていたらしいんだけど、その人から私に連絡があって。『お姉ちゃんがいなくなっちゃったみたいなんだけど、ゴミの掃除だけするよう言ってもらっていいかな？　もうお金はいいから』って。え？　どういうことかと思って聞いてみたら、その5～6年、姉ちゃんは1回も家賃を払ってなかったみたいで。もうびっくり。『全額一括は無理でもちょっとずつで全部返します！』って言ったんだけど、『お金はいいから、部屋だけ片付けてくように言ってもらえるかな？』って」

　訴訟問題に発展しかねない話だが、あかりさんが訴えられることはなく、恨まれることもなかった。

「なんかうまいことやるんだよね、姉ちゃんは。普通だったら訴えられるとか、内容証明送られるとか、恨まれるとか、あるはずなのに、『いいよ、払わなくていいよ』って言われるんだから。別れ際もキレイっていうかね。なんかみんなから愛されるっていうか、そういう人をつかむのがうまいっていうか。そこもまたムカつくんだけどさ。ま、そうじゃないケースもあったけどね」

アドレスホッパーの始まり

ある日、知らない番号から電話がかかってきた。

「なんか、姉ちゃんの元カノだっていう女性から電話がかかってきたのね。『もういいかげん、あかりの住所を動かしてほしい。別れて10年以上たってるのに、うちに置かれて迷惑だ』って。どうやら住民票を移していなかったらしいんだよね。別れた彼女宛の郵便物がずっと届くのも地獄だけど、私に言われてもねぇ」

あかりさんは定住する家を持たないアドレスホッパーだった。そう書くと、なにやら素敵な、イマドキの若者の新しいライフスタイルのように聞こえるかもしれないが、あかりさんの場合、正しく言えば「転がり込んで居座る人」である。そのためトラブルも多く、迷惑を被った人からひかりさんに連絡が入ることもしばしばだった。

「そのときは姉ちゃんに連絡して、住民票を移させたんだけど。姉ちゃんは当時もう水商売はやめて、運送業の仕事をわりと真面目にこなしていたんだよね、新しい彼女と一緒に住んでいて。ただ、その彼女とは喧嘩が絶えなかったみたいで。瓶だか缶だかで殴られて、頭を何針か縫ったって言ってた。結局、別れたんだけど、その彼女の名義で借りた家に、最後は姉ちゃんひとりで住んでいたんだって」

そこでまた新たな問題が起きる。あかりさんは数か月家賃を滞納していた。賃貸契約の保証人は別れた彼女の両親で、不動産屋から請求の連絡が行き、激怒しているという。あかりさんが謝って全額払えばいい話なのだが、ひかりさんに泣きついてきたのだ。お金の問題もあるが、要は「別れた彼女の親と話をつけてほしい」という。

おそらく、あかりさん本人では話にならない、あるいは回収できないと悟った両親は、あかりさんの家族に直談判したいと申し出てきたのだろう。あかりさんも、ひかりさんを巻き込んで（というか、なすりつけて）なんとかしようと目論《もくろ》んだようで……。

あかりさんの主張はこうだ。そもそも彼女に100万円貸しているので、滞納した数か月分の家賃を支払う義務はない、と。金を貸した証拠もあり、弁護士にも事情を説明したと言う。ひかりさんは推測する。

「たぶん、金を貸したのではなくて、同居中の生活費を払った程度のことなんだよ。付き合ったカップルが別れるときに、今までのデート代やプレゼント代を返せ、みたいな話、よくあるでしょ？　痴話喧嘩レベルだから、弁護士も動くに動けないんだと思う」

　しかし、よそ様に迷惑をかけているだけに、ひかりさんも気が気ではない。話を聞けば、自営の運送業もコロナの影響で仕事がなくなり、姉が本当に金欠状態だとわかった。

「わかった、もう向こうの親にお金払う！　貸してあげるから、今のうちにちゃんと家借りて、生活を立て直して！　って全部肩代わり。それで、仕事をちゃんと立て直して、うまいこといったら返してくれればいいから、と伝えたの。そもそも運送業の会社も、私が保証人になってるからね。姉ちゃんは電話口で『わかった、わかった』って言ってたんだけど、その後どうなったと思う？　全部私が片付けて、姉ちゃんに電話したら、『あー、今は神戸にいる』って。おい、どうなってんだ！　って感じ」

　なんと、神戸に新しく彼女ができたから、その家に転がり込んだというのだ。その女性には大学生の子供もいる。家賃滞納の件ではひかりさんは面識のない人に怒られて、お金を払い、尻拭いに奔走したというのに、あかりさんは逃げるように神戸へ。

「姉ちゃんは逃げたから、家賃滞納の件の電話は全部私にかかってくるわけ。頭にきたから、姉ちゃんに文句言ったら、『ご飯食べる暇もないくらい忙しい』とか『トイレ行く暇もない』とか言ってさ。いちいち大袈裟なんだよ。しかも『関東にはいい思い出もないし、心身ともに疲れたから……』なんて感傷に耽《ふけ》ってるの。ふざけんなって感じ」

ああ言えばこう言う。話を聞いてるうちに、あかりさんに興味がわいてきてしまった。

そもそもあかりさんは転々と女の家に転がり込めるだけの「人たらし」なのではないか。

投げ銭で使い込み総額200万

「ちょうどその頃に、家族カードを使い込まれたの。もともとは、現金がないときにはこのカードで支払って、後で自分が使った分を返してくれればいいからって、渡していたんだよね。最初はちゃんと返ってきてたし。でも、コロナが始まったときに、うちも営業できなくなって収入がなくなった。従業員の給料も払わなきゃいけないし、姉ちゃんの買い物の立て替えしてる場合じゃなくなったのね。だから姉ちゃんに『もう使わないで』って言ったの。『わかった、わかった』って電話で言ってたんだけど、いきなり80万円くらいの請求がきて。その翌月も80万くらい」

ひかりさんはあかりさんに持続化給付金の申請方法なども丁寧に教えたり、アドバイスもしていた。そんなときにも平然としれっと大金を使い込んでいたのだとか。

「あまりに高額なので請求先を見たら、〝ポコチャ〟って書いてあって。初めの頃は1

回８０００円くらいの請求だったのがどんどん回数も増えて、１回３万円とか額も増えていって。何かと思って、ネットで検索したら投げ銭とわかった。要するに、ネットでライブしている人にお金をあげるってやつ。ポコチャとかイチナナライバーとか。お気に入りの子に投げ銭してたの、私の金で。たぶん最初の月は様子見で安めにしてたんだけど、気づかないと思って気が大きくなったのか、どんどんガンガン投げ銭していくようになっていて。２か月目で私が気づいて、『止めるよ！』って釘を刺したんだけど、もうこの時点で返す気もなかったんでしょうね。結局３か月やり続けて、合計２００万くらいかな。そこでもうダメだなと思って、家族カードを止めたけど」

　ひかりさんは自分のお金を使われても意外と寛容ではある。人様に迷惑をかけた場合は自ら事後処理を引き受け、尻拭いすることもいとわなかった。しかし、あかりさんによって、これまた見ず知らずのライバーに横流しされていたことには、さすがに呆れたという。

「投げ銭していたのも、たぶん寂しかったからだと思うんだけどね。家賃滞納して困らせた彼女とちょうど別れたときだったから。彼女が出ていって、ひとりきりになって、つい手を出したんだと思う。でも、私のお金だから！　あー、それでちょっと思い出しちゃった」

幼い頃、よくあかりさんから「お金ちょっと貸して。今度のお小遣い日に返すから」と言われたという。２０００円とか３０００円とかそのくらいの金額だったが、貸してあげるとあかりさんはワーッと全額使い切り、次のお小遣いの日にも返してくれなかった。親に訴えると、姉に貸した分だけ返してくれた。つまり、あかりさんだけ倍以上の小遣いをもらって丸儲けである。言ったもん勝ち、とったもん勝ちだ。

「私は損はしてないけれど、姉ちゃんが2倍3倍ともらっているから、それが気に入らなかった。親にも『姉ちゃんが使った分はちゃんと次の小遣いから差し引かないと！姉ちゃんに損をさせなきゃダメでしょ？』と言ったけど、聞く耳をもってくれなかった。姉ちゃんは、人の金は自分の金だと思ってる。『ないものはない、返せないものは返せない』の一点張りなんだから」

　カードの使い込みは、さすがのひかりさんも辟易《へきえき》した。仏の顔も三度まで。投げ銭分をまずは全額返金することを要求。しかし、あかりさんは「返せない」という。

「神戸の新しい彼女、一緒に住んでるなら借りれば？　と言ったら、『彼女も、子供が大学入学したからお金ない』って。実は彼女からもすでに何十万も借りていて、もうこれ以上借りられないというオチでした」

　あかりさんのすごいところは、正面から借りて堂々と踏み倒す。みんなの甘えに乗っかりはするが、盗んだり持ち逃げしたりはしない。

「姉ちゃんは水商売を離れてもう10年以上たってるのに、その頃の知り合いとかお客さんといまだに連絡とったりもしていて。『そう言えば、最近電話に出ないんだけど、あかりは元気なの？』って私に連絡がきたりもする。もう投げ銭の件で、私はしばらく連絡しないって決めたんだけど、周りが連絡してくるんだよね」

お金を返してほしいと電話したが、あかりさんからは3か月連絡がなかった。

「どうやら神戸の彼女と喧嘩したらしく、最終的にはいろいろなところからお金を借りちゃってるみたい。消費者金融とかクレジットカードのキャッシングとか？　姉ちゃんが銀行から借りられるはずもないからね。それでプライドも何もなくなったみたいで……」

ついに禁じ手、親族に金の無心も始めた姉

親に絶望して家を出たあかりさんは、長い間、親や親族と距離を置いてきた。それはひかりさんも同じだった。ところが、貧すれば鈍するということが起きた。

「昨年、なんと母親が亡くなったみたいで。それを聞きつけた姉ちゃんは葬式に行って、

親族に金の無心をしたらしい。『あかりが金貸してって言ってきても、返ってこないから貸さないほうがいい』って話になって、結局誰も貸さなかったっていうのを、後になって聞いたんだよね」

ひかりさんは葬儀にも行かなかった。そもそも余命僅《わず》かの状態だったことも知らなかった。なぜか、あかりさんの友達から知らされたという。「あんたの母親、もうすぐ死ぬらしいよ」と。

「母親はダメ男ばっか連れてくるけど、実家は資産家だったのね。私のことを子供だと思ってなかったというか、他人扱いだったの。お手伝いさんみたいな感じで接してくる。実際にお手伝いさんが何人かいたんだけど、本当にそのうちのひとりみたいな。一緒に住んでいても私だけ全然扱いが違ったからね。酒癖の悪い男が私を殴っていても、『あんたたちが悪いのよ』みたいな感じで、ホントに大嫌いだった。でも、姉ちゃんはわりとかわいがられたの。かわいがられたっていうか、わがまま言って面倒臭いのであかりに言うのはやめよう、みたいな。いいや、あいつは自由にさせとけば、みたいな感じ。それでも、葬式の場でお金貸してなんてよく言えたなぁと思って」

そういうところがあかりさんの特技でもある。意地っ張りな部分もあるが、プライドで生きているわけではない。そして、相手の懐に飛び込んで、いつの間にか仲よくなったり、仲直りしたりするのが得意なようだ。

「外づらがいいし、なんか人から好かれる・愛されるんだよね。子供の頃から常に人が周りにいっぱいいたし、誰かがやってくれるから自分では何もやらなくなって。母親の親族ともなんかうまいことやって、取り入ったみたいだからね。私はもう一切関係ないけれど」

　ひかりさんは今後絶対にお金を貸さないと決めている。姉が本当に生活に困っているのなら貸してもいいと思っていた自分を戒《いまし》めている。コロナで飲食店業界がひどい目に遭い、ひかりさん自身も収入がなくなり、先行きが不安で押しつぶされそうになったとき、あかりさんが投げ銭していたことが決定打となった。二度とカードは渡さない。

「今はまだ姉ちゃんにも彼女がいるし、転々と女を乗り換えて生きていけるかもしれないけれど、年をとったらどうすんのかな。いくらヒモ体質でも、60歳70歳になる頃に同じようにやれるとは思えないしね。友達や知人からは『姉ちゃんが病気になったらどうするの?』ってよく聞かれるんだけど、病気になればお金を使えないだろうから、逆にいいんじゃないかと思ったりもする。うちにはもう入れませんよ、絶対。どうせ姉ちゃんのことだから、そのうちふらっと東京に帰ってきて、また誰かの家に転がり込むとは思うけど、私には関係ないから。尻拭いももう二度としません」

固く決意表明をしたひかりさんだが、自由奔放な姉がそう簡単に心を入れ替えるとは思えない。借金の行方も含めて、あかりさんが今後も頼ってくるだろうことは容易に想像できる。ひかりさんも「突き放せない自分がいる」ことをうっすら悟っているようにも見えた。

手取り15万の妹にキャッシングを要求

浦今日子さんの兄

数枚の写真がある。いずれもカラーだが、幼い男の子が生まれて間もない赤ちゃんを愛おしそうに見ている一枚。小学生くらいの男の子と幼い女の子が仲よく並んでいる一枚。長髪になりつつある青年と中学生くらいの女子がやや距離を置いて並ぶ一枚。すべて、浦《うら》今日子《きょうこ》さん（60歳）と兄の日登志《ひとし》さん（66歳）の写真だ。

「もともと、私の名前をつけたのはお兄ちゃんなんですよ。お兄ちゃんが、当時幼稚園で好きだった女の子の名前が今日子だったんだって。両親は麗子にしようと思ってたんだけど、母親が出産後退院して、家に私を連れて帰ってきた瞬間から、兄がずーっと今日子今日子今日子って言い続けて。親が根負けして、今日子になったんです。それを知ったのは私が小学校に入ってからだけどね」

6歳上の兄から溺愛されたという今日子さん。年が離れているせいか、かわいがってもらい、一緒に遊んでもらった記憶もたくさんあるそうだ。子供時代に嫌な思い出はないという。ただ、頼りないと思ったのはわりと早い段階からだった。

「兄はどっちかというと無口だし、優しくて弱虫だったかな。わりとよく泣いていましたね。母から聞いた話ですけど、兄が小学生で私が4歳くらいのとき、巨大な団地に住む叔母の家に遊びに行ったんですよ。ふたりで買い物に出たんだけど、同じ建物が並んでるから迷子になっちゃって。もうお兄ちゃんがビービー泣いて。誰かが派出所に連れてってくれたので、叔母の名前を言って、なんとか連絡がついたのですが、迎えに来た母親いわく『もうお兄ちゃんはすんごい泣いて大変だったけど、あんたはニコニコしてたわ』ですって。その手の話がいっぱいあるんですよね」

母親はふたりに対して、わりと厳しかったそうだ。ただし、兄は許されて、妹には許されないこともあった。「男の子だから」「女の子だから」という性差の問題である。

「お小遣いからおやつ、買い与えるものすべてにおいて、お兄ちゃんはOKだけど私には禁じるものがたくさんありました。例えば、自転車。『お兄ちゃんは男の子だから。今日子ちゃんは女の子で危ないからダメ』と言って買ってもらえなかった。もうすべてがそんな感じ。そういう時代だったから」

今日子さんも悔しがるというよりは、兄が持っているレコードを聴かせてもらったり、それなりの恩恵も受けていたので、不満をためこんだり、兄を恨んだというわけではなさそうだ。
「そもそも祖母のえこひいきがすごかったんです。父は次男だけど、長男が戦死しているから、祖母はまずうちの父を溺愛したわけです。そこの直系の息子ってことで、兄はさらにひいきされたんですよね。孫はすでに男女4人もいたんだけど、父の姉の子だったから。浦家を継ぐ男子直系、みたいなことでしょうね。なぜか、兄は親戚からチー坊と呼ばれていて。日登志なのになぜチー坊なのかはいまだにわからないんだけど、祖母もチー坊チー坊って甘やかして、何でも買い与えて、お小遣いをやってたそうです。いとこが集まると、今でも話しています。おばあちゃんのチー坊に対するえこひいきはすさまじかった、って。当の本人は『え？　そうやったっけなぁ？』と言ってますが」

男子直系が当然のように優遇される家庭。それもそのはず、浦さんは九州出身。なんとなく納得もいく。微笑《ほほえ》ましいエピソードに聞こえるかもしれないが、金銭感覚を含めた兄の基礎がここで築かれたとすると、なかなかに罪深い話でもある。

通帳と印鑑を持って家出

そんな兄も高校生になると、家族とともに行動しなくなる。それは成長過程において当然のことだが、兄の場合は極端だった。

「毎週水曜日は父親が定時で上がり、残業なしの日だったから、夜は家族で外食するのが定番だったんです。でもお兄ちゃんがだんだん参加しなくなってきて。その日も来なかったので、父と母と私の３人で食事して、家に帰ったら、家の中が荒らされていて、ものがなくなっていて。銀行の通帳と印鑑もなくなっていたんです。最初は、泥棒に入られたと思っていたんだけど……」

兄の部屋を見ると、何もかもごっそりなくなっている。泥棒ではなく、兄の家出だった。

今日子さんが小学生のときなので、やや曖昧だが、記憶の糸をたぐってもらう。

「確か、手紙が見つかったのかな。『彼女に子供ができちゃったんで、僕たちはよそで暮らします』みたいな。要は独立宣言なんだけど、通帳と印鑑を盗んでいったっていう。父親はすぐ警察に連絡して事情を話したそうです」

今のようにＡＴＭがない時代。通帳を作った支店の窓口でしかお金を下ろせない。警察から銀行に連絡がいき、父親の名前の通帳を持ってきた人間がいたらすぐ通報するように依頼した。１週間以内に、兄は捕まった。

「いとも簡単でした。電話がかかってきて、銀行に兄が来たと。警察署にすぐ迎えに来てくださいと言われて、なぜか私も母親と一緒に警察署へ行ったんですよね。ただ、私は別室に連れていかれた記憶が。子供に聞かせちゃいけないと思ったんでしょうね、警察が」

なぜ兄はそんな蛮行に及んだのか。理由はひとつ。赤ちゃんをおろしたくなかったから。

「もうそれで、特にお咎《とが》めもなく、帰ってきたんです。その後が大変だったみたいで。うちの親が相手の女の子の家に行って、みんなで説得して中絶させたんだと思う。兄が高2のときで、女の子は兄よりちょっと年下だったみたいで。おそらく示談金というか、お金を払ったんじゃないかな、うちの親が」

その後の兄は何事もなかったかのように、しれっと好青年に戻った。が、どうやら高校はちょいちょいサボっていたようだ。祖父が亡くなったとき、学校に連絡をしたら「来ていませんよ」と言われ、サボっていたことが発覚。夜、親戚一同がすでに集まっているところに、のんきに帰ってきた兄。親戚からこっぴどく叱られたようだ。このあたりから、兄はふがいない路線へ走っていく。

「それでも一応、地元の大学に入ったんですけど、知らぬ間にやめていて。関西に行きたいといって、母方の親戚のツテで就職したんですよね。そこで出会った年上の女性を連れて、帰ってきたんですよ。妊娠しているって。そして、兄が23歳くらいのときに結婚しました。地元で仕事も見つけて、子供も生まれて、実家からすぐ近くに家を借りて、安定していましたよ、あのときは」

ちょうどその頃、大きな水害が起こった。実家の裏手の崖が土砂崩れを起こして、土砂が流れ込んできたという。両親はその家を売って、郊外のやや不便な土地へ引っ越すことに。地元のテレビ局で働いていた今日子さんは、これを機にひとり暮らしを始めた。

「仕事は早朝から始まって夕方までには終わる。１回帰宅してシャワーを浴びて、夜は飲みに出かける、みたいな生活をしていましたから、地元でも一番の繁華街にマンションを借りていました。かなり広めの２ＬＤＫでしたが、寝に帰るだけみたいな感じでしたね。そんなときに、お兄ちゃんから久しぶりに連絡があって。どうやら離婚したらしくて。『今日子の部屋にちょっと間借りさせてくれ』って」

安定していたはずの兄が、なぜ離婚に至ったのかはよくわからない。どうせ寝に帰るだけの家だし、兄が家賃を半分払ってくれるなら楽になる、と考えた今日子さん。二つ返事で兄を受け入れた。それがすべての始まりだった。

気づいたら彼女と子供に寄生されていた

住んでいたマンションは、玄関を入って真ん中に10畳のリビングがあり、奥に6畳と4畳半の部屋があった。今日子さんが6畳を使い、兄が4畳半を使う。家賃は月12万円を折半。生活の時間帯も異なり、お互いに干渉しない快適な暮らしになるはずだった。

ある日、今日子さんが家に帰ると、3歳ぐらいの男の子がいた。

「知らない子供に『おかえり』って言われて。お兄ちゃんが『ああ、友達の子供』とか言うんです。間借りさせてはいるけれど、なるべくプライベートに干渉しないようにしていましたから、初めは気にしていなかった。でもそのうち、常にその子がいるようになって。どうやら今付き合ってる彼女の子供らしい。お兄ちゃんの子ではないけど、スナックで働いてる彼女の連れ子だと。そこからは平気で彼女もしょっちゅう家に来るようになっちゃって。あるとき、私が沖縄旅行から帰ってきたら、4畳半の方に『彼女も一緒に住むことにした』って言われたんですよ。ちょっと待って、私がいない間にそれはさすがに勝手でしょ？　『じゃあ、家賃3分の2出して。その代わり、私が4畳半の部屋でいいから。リビングと奥の6畳をお兄ちゃんたちが使いなよ』って提案したんです」

わりとのんびりした性格の今日子さんは、兄と彼女と彼女の息子とそれから2年ほど一緒に暮らしたという。その後、今日子さんは一念発起、東京へ。テレビの仕事で知り合った芸能人に今日子さんの人柄と手腕を買われて、音楽関係の芸能事務所に勤めることになったからだ。今日子さんが27歳のときだった。

「東京に行くから、あとはお兄ちゃんが好きに使って、って。名義を変えたんだか、どうしたんだか忘れちゃったけど、とにかく兄たちとの共同生活をそこで終わらせたんです。その後、兄はその彼女・リョウコさんと再婚しました。その連れ子以外に子供はできなかったけれど、今も仲よく続いています」

さて、ここまでの話では、兄の日登志さんの女性関係が中心だ。家賃未払いや踏み倒しなど、お金関係の困り事は一切ない。今日子さん自身も、この段階ではまだ、そんなに困った存在とは思っていない。むしろ、今日子さんが上京してから、いろいろと面倒事が起こり始める。

キャッシングすればいい。すぐ返すから

27歳で東京に行き、今度こそ本当にひとり暮らしを始めた今日子さん。仕事はかなり

忙しかったが、充実した毎日を送っていた。その平和を乱したのは一本の電話だった。

「当時、メールとかＬＩＮＥはありませんからね。お兄ちゃんから電話がかかってきて、『今日子、30万くらい貸してくれ』って言うんです。私、東京に出て最初にもらっていた給料なんて、手取り15万ぐらいですよ。生活するのに精一杯だよね。『そんなお金ないよ』って言ったら、何て言ったと思う？『キャッシングすればいい』って。『今日子がキャッシングして借りてくれたら、すぐ返すから』って」

　妹にキャッシングを要求する兄……いったいどういうことなのか？　しかも30万もの大金を、親に頼らずたったひとり東京で頑張っている妹に……。

「リョウコさんと結婚して、いつの間にか家を建てていたんです。本当は実家で両親と一緒に住むという名目で家を大きく建て替えようとしてたんですが、母親が『一緒に住むのは大変だから嫌だ』って断ったみたい。だから別の場所に新築の一軒家を建てた。で、その家のローンを払うのが大変だから、貸してほしいと。毎月十数万だかの返済で、当時にすれば結構な額でしたよ。それで、いろいろやりくりしてもどうしても足りないってときに、私に連絡してきたみたいです。仕事はちゃんとしていたみたいなんだけどね。車の販売営業だったかな。結構成績もよかったみたいだけど、どこまでが本当かはわからない。たぶん、家を建てるのにも親に相当お金を出してもらったんだろうな、とは思います」

結局、今日子さんは兄に何度かお金を貸した。貸した回数は通算3～4回、金額は毎回約30万。50万だとさすがに断られると踏んだのか、小出しに30万と提示してくるところがいかにも兄らしい、という。

もちろん、今日子さんもただ言われるままに兄に貸しただけではない。計画的な返済をするよう迫ったこともある。

「何回目だったか忘れましたけど、お兄ちゃんが連絡してきたときに、長い手紙を書いて渡したんです。まずタバコをやめろと。そんなにお金がないならタバコをやめて、昼間飲んでる缶コーヒーもやめろと。そういうのを全部書き出して、郵便局に返済用の口座を作ってほしいと。毎月１０００円でもいい。返してくれるなら、また貸してあげる、と。そうしたら、お兄ちゃんが泣きながら電話をかけてきて、『ちゃんとやるから、頼む！』って。もともと泣き虫だけど、泣きたいのはこっちなんだけどなあって。でも、ちゃんと通帳とカードを送ってきたんですよ。１０００円で作った口座。その後、１回も入金されたことはない。１０００円のまま。いや、利息がついて１００3円くらいのまま。あれにはびっくりしました。さすがに、何回か入れてくるかなと思ったけど、入金されたことはなかったですね」

人と書いて、好きと書いて、「お人好し」と読む。今回取材した中でも、お人好しベスト3に入るほど、ふがいないきょうだいに対して優しい今日子さん。

「もちろん相当厳しくは言うんですよ。でも、やっぱり可哀想なのよ。その後もちょっといろいろあって、お兄ちゃんも大変な状況であることはわかったので……」

無計画な家のローンが大変な状況？　と思いきや。兄は数年後、さらに別の問題を抱えていたという。

あの子がまさかの……

一時期、今日子さんが繁華街のマンションで一緒に住んでいた男の子。リョウコさんの連れ子、仮にA君としておこう。A君が、実はかなりの問題児だったという。

「ちょっとね、ジャニーズタレントみたいな甘いかわいい系の顔でね、多分女の子にすごいモテたと思う。高校生ぐらいのときに女の子を妊娠させて、相手の親に反対されて、一緒になれなかったんだけど、結局産んだらしくて。だから17歳で既に子供がいる、みたいな。その後も何人かあちこちでいろいろ、っていう話でね。もうホントに昔のお兄ちゃんの話を聞いてるみたいでね。それは因果応報だよって言ったんだけど」

そのA君が、とんでもないことをしでかしたという。

「いろんなところから借金しまくった挙句、ついに近所のおばあちゃんを騙してお金を取ったらしいんです。甘い顔立ちで優しく接して金をひっぱる、みたいな話でしょうね。それを知ったお兄ちゃんが駆け付けて、『一遍には払えないけれども、毎月ちょっとずつ返していくんで、どうか警察沙汰にしないでください』とお詫びして、なんとかおさめてもらったそうです。総額600万だって。お兄ちゃんが私にお金を返せない理由は『あいつ（A君）の借金を払わなきゃいけないから』だったんです。ま、可哀想ではあるんだけどさ」

ふがいない息子・A君は、その後、何をしているのかわからないという。兄一家に起きたさまざまなことを、今日子さんの両親がどこまで知っていたのかはわからないが、想像するに両親の援助もかなり大きかったのではないか。

「兄は1回、自己破産しているんですよね。だからカードも作れないって言ってた。サラ金とか闇金とか、そういうところの借金はなかったと思うんだけど、たぶんそっちに行く前に、父が工面してきたんだと思います。父の機嫌が悪いときだけ私に頼ってきたんじゃないかな」

兄とリョウコさんは家のローンや息子の借金を抱えていたわりに、しょっちゅうパチンコに行っていたという。ふたりとも金銭的にルーズなところがある。ただ、兄は親や妹からお金を借りていることを、リョウコさんには言っていなかったようだ。

兄に泣きつかれて退職金はほとんどない

今日子さんは37歳のとき、アメリカに留学。現地の大学のサマースクールに入り、大学の寮で過ごした。そのときに知り合った男性とお付き合いし、ふたりでハワイ移住を試みる。しかし、水が合わなかったせいか、今日子さんはひとりで日本に戻った。帰国後、東京で暮らすか、あるいは、実家のある九州に戻るかで悩んだ今日子さん。故郷に戻るなら今かもしれない、とも考えたそう。

そのとき、母親は「もし東京で頑張れるなら頑張りなさい」と背中を押してくれた。

「そこからあまり家のこと、兄のこと、お金のことを気にしなくなったんです。帰らないと決めたので、お兄ちゃんがどうお金を使おうが、親が払うならいいや、って。親がどんだけたかられていたのかがわかるのは、かなり後になってからです」

兄からの金の無心もなくなった。しばらく連絡がなかったが、ちょうど父が定年退職して、退職金をもらい、年金暮らしになった頃だ。大企業で長年勤めあげた父の退職金は、相当な金額であり、年金もかなり支給されて貯蓄も十分あるはず、だった。

「父親から聞かされたんだけど、お兄ちゃんは家のローンと借金で数百万、もう身動きできなくなって泣きついてきたらしく。父の退職金はほとんど兄の借金にあてちゃったんだって。あと、お兄ちゃんに毎月10万ずつ渡していたみたい。ずーっと。父親が入院したときに言われたんだけど、『通帳はお前に渡す。今日子が管理してくれ。日登志には渡せん』って。それで、私が通帳を預かって、毎月お兄ちゃんに10万円渡すことになって」

父が今日子さんに通帳を託した背景には、母親が兄を甘やかしていたこともある。兄は転職し、タクシーの運転手をしていた。空港送迎が入ると、空港に近い実家に必ず寄って、母から昼食代２０００円をもらっていたのだ。

「その頃、母は骨が弱くなって、ベッドの上で半分寝たきり生活だったんですよね。私が帰ったとき、母に朝食を出そうとしたら、ベッドサイドのテーブルの上に２０００円が置いてあるの。『これ何？』って聞いたら、『お兄ちゃんが後で取りにくるから』って。もうびっくりした。50過ぎて、寝たきりの母からお小遣いもらうって」

何かがおかしい。明らかにおかしい。所帯をもって仕事もしている兄に、老いた親がなぜそこまで払う必要があるのだろうか。

「いや、でもお兄ちゃん夫婦には感謝してるんです。私は東京なので、毎晩電話することくらいしかできないし、帰れたとしても月1回程度。母は弱ってきた段階で、お兄ちゃんの家の近くに引っ越したんですよね。そうすると、最も近くにいるお兄ちゃん夫婦を頼るしかないわけで。親の面倒をほぼみてもらっていたので感謝しかないんです」

　リョウコさんは兄と結婚後すぐに水商売をやめた。たまに洋服店などでアルバイトやパートで働いていたこともあるが、基本は専業主婦だ。

「実際に親の面倒をみてくれていたのはお兄ちゃんではなく、リョウコさんなんですよね。世話してもらってるくせに、母が毎晩の電話で話すのは愚痴です。『あれは何もしてくれない』『またパチンコ行っとる』『朝も起きてこない』とかね。でも、それ以上にやってくれてるのは離れていてもわかるじゃないですか。いくら昼間はデイサービスに行ってても、朝はご飯を食べさせなきゃいけないし、夕方には帰ってきちゃうから、何かしていたとしても5時には1回必ず家に帰ってなきゃいけない。そりゃ、リョウコさんだって息抜きにパチンコくらい行きますよ。毎日そばにいて大変ですから。しかもちょっとボケてきた義理の親の世話なんて」

　遠くの娘より近くの嫁。リョウコさんの負担はさぞや大きかったであろう。

「リョウコさん、一時期、自分の親の介護もしていたんですよ。親だろうと義理の親だろうと、分け隔てなく面倒をみてくれて。しかも文句も泣き言も言わず、ケロッとしている。うちの父も最期はリョウコさんにかなりお世話になっているし」

その後、父親は亡くなり、今日子さんは預かっていた通帳を兄に渡した。残された母の面倒をみてもらうためにも、そうするしかなかった。口座には約６００万、ただ今後は母に遺族年金も入ってくる。施設に入ってもらうことも含めて、兄夫婦に託したのだった。

案外優雅な生活を送っている兄夫婦

父親が亡くなった後、2年半で母親も他界。最後のほうは兄の家の近くの特別養護老人ホームに入所していたのだが、突然亡くなってしまった。

「私も帰って、とりあえず葬儀という話になって。『お兄ちゃんさあ、口座にいくら残ってる?』って聞いたら、３００万ぐらいだって。父が亡くなった段階で６００万くらいしかなかったけど、2年半で半分になっていたんですよ。毎月母親には相当な額の遺族年金が入っていたはずだし、特養だから出費はせいぜい月15万くらいのはず。私の計算では５００万くらいは残っていると思っていたんだけど……」

兄は車を買ったというが、おそらく他にも小出しに使っていたと推測できる。

「でも本当に感謝していたの。最後に面倒をみてくれたふたりにはありがとうの気持ちしかなかった。親より先には死ねないって思ってたから、ある意味もう本当に完全にフリーになるわけで。そこで、お兄ちゃんに提案したんだよね。葬儀代とかも払って、残ったお金を兄と私とリョウコさんで3等分にしよう、って。本来はきょうだいで半分ずつだけど、リョウコさんにはすごいお世話になったから。その代わり、あの最後に貸した30万は返して。覚えてる？　一銭も返してもらってないんだけど、って」

兄は「わかった。まずは3分の1の金額を1週間以内に振り込む。ただ、30万はもうちょっと待って。あと2か月たったら、俺も定年になり年金も入るし、お金も借りられるかもしんないから、そしたら返す」と言ったそう。この期に及んでまだ「借りる」と言っている時点で、兄、終わってんな、と思ってしまうのだが、今日子さんは笑いとばす。

「もはや兄のキャラですから。その後、確かに3分の1は入ってきました。でも30万はいまだに返ってきてないんですけどね」

両親が亡くなり、兄も年金が入ってくる年齢になった。リョウコさんも介護から解放されて、働きに行けるようになった。兄もまだ少し働きつつ、夫婦はちょっと優雅な生活を送っているようだ。

「この前も北海道に旅行してきた、って言ってたし。昨年も夫婦で東京に遊びにきたんだよね。3人でご飯食べて、初日は私がご馳走したんだけど、その次にね、お台場に行ったんです。サラダバーのある広いレストランに入って、ふたりともすごく喜んでてね。地方にはないお店だったから。で、私がトイレ行ってる間に、ナント！　お会計が終わってたんですよ！　リョウコさんが払ってくれてたの。そんなこと初めてですよ！」

今日子さんは感動したと同時に、ふたりが自由に働くことができて、お金も入って、ゆとりができたんだとしみじみ思ったそう。

「人としてはクズかもしれないけれど、お兄ちゃんのことは好きですよ。あの人は自分でセーブできない人。私はそういう兄をずっと見てきて、そういう兄に対して残念がってる両親の気持ちもわかったから、反面教師でセーブできる人間になっちゃっただけなんです。そもそも、父方の祖父がお醤油と味噌の商売を手広くやっていたんだけど、競輪で店をつぶしちゃったのね。その反面教師で父は超真面目で賭け事を一切やらなかった。それを考えると、兄は祖父に似ちゃったのかな」

もう兄からお金の無心をされることはないだろうと信じている今日子さん。自分の生命保険の死亡保険金受取人を、父から兄に変更した。

「もっと若い人にって思っても、本当にいないから。お兄ちゃんの最初の子供もいたけれど、もう関係ないしね。血縁関係はこの世に兄しかいないから。しょうがないんですよ」

神か仏か今日子さん、みたいな話でもあるが、ひとつわかったのは、今日子さんは「感謝をする人」ということ。兄を恨むこともなかったのは自分が仕事に恵まれていたから、そのことに感謝していると振り返る。親の面倒をみてくれた兄夫婦にも感謝している、と繰り返し言っている。

逆に、兄の日登志さんに問いたい。妹に感謝していますか？

ワル・馬鹿・クズの粒揃い

福永美華さんの兄3人

今から紹介するのは、この本に登場する人物の中でも、おそらく最凶のふがいないきょうだいだ。しかも3人の兄が揃いも揃って金に執着しているという。金額が金額だけに、スケールの違う「ふがいなさ」である。

「兄たちのせいで、とにかくひどい目に遭ってきましたから。端的に表すなら、長兄はワル・次兄は馬鹿・三兄はクズ。兄たちの数十年に及ぶ、ふがいないにもほどがあるエピソードがお役に立つなら幸いです」

話してくれたのは福永《ふくなが》美《み》華《か》さん（59歳）。父は専門性の高い特殊な建築を手がける会社を一代で築き、全国の都市部に支社も展開。ところが、父の死後、兄たちに任せておいたら経営が破綻寸前に。借金、横領、窃盗未遂に使い込み……兄たちのエピソードは枚挙にいとまがない。警視庁で言えば、捜査二課・三課が担当する案件ばかりだ。

「父は戦争に行った世代です。私が20代の頃には、心臓や十二指腸の病気で入退院を繰り返していましたから、自分はあまり長く生きられないと思っていたようです。私には、『お前は兄貴となんか仲よくしなくていい！　絶対に1円も貸すな！』って。普通、余命を悟った親は、きょうだい仲よくとか言うもんでしょ？　仲よくするな・金貸すなと病床で叫ぶ親も珍しいと思います。父はリアリストで建前を言わない人でしたからね」

父にも見限られていた兄たち。いったいどんな人生を歩んできたのか。

いつも謝るのは私だけ

「実は、兄3人と私は異母きょうだいです。父が最初に結婚した女性はかなり奔放な人で、一度田舎に嫁いだものの、田舎暮らしが合わずに遊び歩いて、厄介払いされたそうです。その後、父と再婚し、3人の男子を産んだ。それが兄たちです。ただ、長兄だけ顔の系統が明らかに違うんですよね。ジュード・ロウに似ているというか、フランス人みたいな顔立ちで。その後、兄たちの母は4人目を妊娠したけれど、腕の悪い医者に中絶を頼んだらしく、体調を崩して腸閉塞で亡くなった。そして父が私の母と再婚して、私が生まれました。まあ、母の言うことなのでかなり適当かもしれませんが、私はそう聞かされて育ちました」

長兄・謙《けん》さんは美華さんの15歳上、次兄・秀《しゅう》さんは12歳上、三兄・充《みつる》さんは10歳上。かなり年の離れた兄たちではある。昭和30年代、父が世田谷に事務所兼自宅の一戸建てを借りて、祖母や叔父とともに住んでいたが、仕事が軌道に乗り、父は自宅を渋谷に移した。祖母と長兄は世田谷の家に残ったため、美華さんは長兄と暮らした記憶がほとんどない。

「謙はかなり早い段階で反抗期に突入し、母に対しても『母親とは認めねえよ』みたいな状態だったそうです。父も忙しくてかまってられないし、祖母と住むほうが面倒臭くないと思ったんでしょうね。初めからそんな調子で、謙と母は今でも折り合いが悪いです。お互いに顔も見たくないという感じ」

秀さんと充さんは渋谷の家で一緒に暮らしていたが、年が離れた幼い妹をかわいがるどころか、意地悪をしたり、奴隷のように扱ったという。

「母も悪いんです。息子たちから嫌われたくないから叱らないし、甘やかす。中学生の兄と幼稚園児の私が口論になると、いつも私だけ謝らせたんですよ。『女の子だから謝りなさい、女の子だから手伝いなさい』って。それがすっごく嫌で。男に勝ちたいっていう気持ちが強くなりましたね」

父は早くから美華さんだけを連れ回した。毎週日曜日は場外馬券場へ行き、レースの結果を喫茶店で観る。実際、美華さんにも馬券を買わせて、馬の選び方、競馬新聞の読み方、人気の馬はリターンが悪いなど、競馬のイロハを叩き込んだという。父が勝つと伊勢丹へ行き、外商担当を呼んで好きなものを買ってくれた。負けたら三越の地下で不機嫌な父と気まずい時間を過ごさなければいけない。お父さんはこの段階で、跡継ぎは美華さんにすることを想定して、外の世界を見せたのではないか。

「小学生のとき『デパートの外商と銀行と取り引きしてもらえるうちが花だぞ、そういう立ち位置を保て』って言われました。ほしいものを買ってもらえるだけではなく、売り場を見て『ここは暇だな、3人多いよ、人が。俺だったら3人削る』とか、『今はこういう商品が売れている』とか教えてくれましたね。よく『お前が男だったらよかったのにな』とも言われました」

今考えても、父は慧眼だったという美華さん。それは兄たちの、連綿と続く不義理や不祥事の数々を経験したからだ。

長兄・謙　家を担保に借金する癖

ひとりずつ見ていこう。まずは長兄の謙さん。

「ちょうど学生運動が盛んな頃で、謙はエセインテリ美大生を気取っていました。普段は祖母の家にいたけど、よくうちにも来てましたね。あるとき、ヘルメットとゲバ棒が部屋から出てきて、母は驚いていましたけど、学生運動やるほど根性はないんですよ。ファッション感覚でやっただけ。ヒッピーが流行ればヒッピーになるし、付き合っている人が絵描きだと油絵の道具を急に買い揃えたりして。『謙ちゃん、新宿西口でフーテンやってたわよ』なんて言われたこともありましたね。そしてすぐ飽きる」

父が長兄を信用しなくなったのは、おそらく無免許トラック事件から。父の会社の2トントラックを勝手に持ち出して無免許で運転し、ぶつけて電柱をなぎ倒したという。

「警察に呼び出されて、兄は足に包帯を巻いて、ちょっと引きずって帰ってきたんですよね。父は『馬鹿野郎ッ！　お前が死ねばよかったんだ！』と怒鳴ってました。保険も出ないし、おそらく数百万かけて弁償したんだと思います」

謙さんは謙さんで、とにかく父に反発していた。幼少期に実の母を亡くした経験が尾を引いていたのかもしれない。すぐに再婚して、仕事中心の生活を送る父に対して、「母を殺したのは父だ」とひねくれて心を閉じてしまった、と美華さんは分析する。

「父に対して、『あんなふうになりたくない』とか『経費で遊んでいる』『人を使って搾取している！』とか言ってましたね。あの世代は、変に左寄りになったりするから面倒臭い。3人の中では一番インテリなんですけどね、一応。中身がないくせに理屈っぽいことをこねくり回して、論破されるとブチ切れる。そのわりに、自分のことを善人だと思っていて、『俺ほど金にきれいな人間、いないよ』と平気で言えちゃう図太さ。まあ、顔が男前で優しい感じがするから、一瞬人を惹きつけるソフトさがあることは確かですけど。結局、25歳過ぎてもろくな仕事につけず、父の会社に入るわけです。『親の会社なんか入んねえよ』と啖呵切っていたくせに」

ちょうど父が大病を患い始めた頃で、息子の行く末を案じたのか、お飾りでいいからということで入社させた。父の右腕たちも社長の子息として迎え入れてくれることに。

謙さんが結婚したとき、父はお祝いとして、郊外の高級デザイナーズマンションの多額の頭金を払ってあげたそう。残りの少額のローンは自分たちで払うように、と。息子がひとり生まれたが、4歳のときに離婚。原因は謙さんの浮気だった（しかも妻の親友に手を出していた）。女癖の悪さはきょうだいの中でもダントツ。さらに強欲でもあった。

「父は遺言で自宅の名義から謙だけを外しました。『あいつに土地を渡すな。あいつを入れると一番面倒臭い』。家は母と私と、次兄・三兄の名義です。その代わり、謙は一番株をもらってるんですよね。ところが、その後で、自分の名義が入っていないにもかかわらず、なんと実家を担保に借金したんですよ。会社で必要な金だと言って、名義人のひとりである母にはんこを押させて８０００万くらい借金を作っていたんですよ！」

長兄と叔父がつるんでピンハネ横領

謙さんは父の会社に入り、社長を継いだものの、やりたい放題で食い散らかしたという。40代に入って、一回り以上年下の資産家の娘と再婚した後は、家族旅行も赤ちゃんグッズも別荘も、すべて会社の経費で落とした。出社するのは月1回、しかも経費の精算をするのみ。会社名義でマンションや別荘、クルーザーを買い、南東北地方で土地を買い、妻子とともにスローライフを満喫していたというのだ。挙句の果てには、現場の仕事自体が面倒臭いからといって、東京の現場の従業員ごと他の会社に譲渡してしまったという。

「叔父、つまり父の実弟がいるんですけど、謙はこの叔父とつるんで、父の会社を食いつぶそうとしたんです。他に支社があるので会社全体としては利益も上げていますし、屋台骨はしっかりあるんですが、謙は社長という肩書だけで、実質は何も仕事をしていませんでした。それでいて、毎月給料１５０万ももらって、経費使いたい放題ですからね。以前、父に対して吐いた暴言そのまんまですよ。経費で遊んでいるとか、人を使って搾取しているとか、どの口が言う？　って話です」

おまけに実家を強引に担保に借金までしていたというのだから、なかなかの銭ゲバである。美華さんは弁護士とともに、横領の証拠を集め、株主総会で解任を叩きつけた。

その後、美華さんが社長就任したのかと思いきや、そうではなかった。

「母を就かせました。妹が社長になるというのは、支社にいる次兄や三兄が許さないから。といっても母は何もできませんから、実質的に動くのは私です。母が社長になる際に、銀行から融資を受けたのですが、そのときの条件が『3人の息子たちとの養子縁組解除』でした。確かにこれ以上、食いつぶされたらたまったものじゃない。父が作った会社、父が建てた家を取られるわけにはいきませんからね。謙も面倒臭いと思ったのか、勝手にしろと言い放って、去っていきました」

無数の嘘と言い訳の断末魔

事実上、縁を切った状態となったわけだが、謙さんがついてきた嘘は許しがたいものがある、と美華さんはこぶしを握りしめる。

「借金をして、高額の給料を手にし、経費を使い込んできた謙は、嘘をついて家族を騙し続けました。他のふたりは馬鹿なだけですが、謙だけは悪知恵が働くワルなんです。前妻に慰謝料と養育費を払うのが大変だからといって、自分の給料だけ大幅に上げましたが、途中から養育費は払っていませんでした。しかも、前妻と共有名義のマンションを抵当に、銀行から勝手に１５００万も借りていたことが発覚。息子にあげるといっていたマンションを勝手に、ですよ？」

結果的には、差し押さえになる前にそのマンションを売り、借金を相殺《そうさい》した残金を夫婦で分けたという。息子にあげると約束していた家はなくなり、残ったのはわずか２５０万。

さらに、もうひと波乱。なんと、謙さんが80歳を越えた母を訴えてきたという。「養子縁組を勝手に解消された、自分はそんな話を聞いていないし、同意もしていない」と主張し、南東北の裁判所に訴えたそうだ。

「こっちも弁護士を立てて、証拠も準備したけれど、いちいち向こうに行かなきゃいけなくて、母が音を上げたんです。もう謙に関わるのは嫌だと。結局４００万近く払ってなんとか縁を切りました。もしまた何か言ってきたら、逆に謙を横領で訴えてやろうと思っています。会社の金を横領してきた証拠は揃っています。刑事上の時効はあるけれど、民事上の損害賠償責任を問えるような部分もあるようなので」

縁は切れたものの、一筋縄ではいかない謙さんは今後も嫌がらせをしてくる可能性はある、と美華さんは警戒している。

次兄・秀　オール1の中学生のような馬鹿

さて、お次は次兄。秀さんの話をしているとき、美華さんの口から出た「馬鹿だから」という言葉は30回を超えた。

「秀は単純、成績がオール１の中学生だと思ってください。だけど会社で役職に就いちゃって、お金だけもらって博打三昧。あまりに馬鹿でちょっと気の毒に思うくらい」

物静かな秀さんは「学校に行きたくない、父の会社で働きたい」と言い、中学を卒業後すぐに父の会社に入った。真面目で酒も飲まないがヘビースモーカー。現場仕事も経験しているきょうだい唯一の職人肌と言ってもいい。働いてはいたが、書類仕事ができず、管理職には向かない。パチンコと競馬のために消費者金融から借りる。給料のほとんどを返済に費やす、純粋なギャンブル依存症だという。浮いた話はなく、現在も独身。

「父は『使えないけどしょうがない』とは言ってました。圧をかけてくる長兄、調子のいい三兄に挟まれて、いつも貧乏くじを引かされてるんですよね。可哀想だなと思ったことも何度かありますが、馬鹿だからしょうがない。びびりのくせにプライドだけは高いんですよ。自分が馬鹿だとわかってもいるから、銀行員とか大学を出たホワイトカラーの人としゃべるのが嫌なんです。馬鹿にされるのが嫌なんです。だから、3人の中で一番私にマウントしてくる。要するに、自分は兄からも弟からも馬鹿にされてるから、妹にしか言えないんでしょう。でも私の言うことなんか絶対に聞かない。何かトラブルが起こると、すべて私のせいにするか、私に尻拭いさせる。そういうやつです」

秀さんは年齢のわりに社会常識がない。現場の職人として勤め上げていればよかったものの、謙さんにそそのかされたこともあって、うっかり関西支社の取締役に就任したところから歯車が狂った。

「秀は昔から長兄に頭が上がらない。とにかく馬鹿だから長兄に逆らえないんですよ。私と弁護士で長兄に解任要求するときも、横領で訴えるという話をしたら、『きょうだいで裁判なんてみっともない』と言い出して。馬鹿のくせに世間体だけは気にするという。株主として寝返られたら困るから、そのときは訴えない方向で収めましたけど。説明しても聞かないし、わからないっていう。致命的ですよね」

秀さんのトリセツとしては、とにかく下手《したて》に出ることだ、と美華さん。心の中では「馬鹿のくせに」と思いながらも、「ちょっとお願いがあるんだけど、いいですか？」と兄を立てる。会社の書類にはすべてルビをふり、できるだけ平易な言葉で簡潔な文章にまとめた秀さん専用書類を作成している。長兄に比べれば、扱いやすそうな気もするのだが、秀さんの常識のなさとプライドの高さが災いした事件が起きたという。

取締役どころか管理職に向かない

母を社長に据え（実質は美華さんが八面六臂《はちめんろっぴ》の暗躍）、長兄の借金も返し、会社を立て直す段階で、どうしても社員の給料を削減せざるを得ない状況になった。

「なんと秀は『妹が金を勝手に使い込んだ』と社員に話したらしいんです。支社の専務から電話があって、『なんか全部美華さんのせいにされていますよ』って。冗談じゃない。自宅を担保にされないために、会社を立て直す事業計画も出したし、私は自分のために会社のお金を使ったりしません」

秀さんは事業計画書も読めないが、給料は１２０万もらっていたという。

「秀と充の給料を減らせば、社員の給料をカットしなくても済むのに、ふたりとも借金まみれだから頑として受け入れないわけ。しかも会社に来ないという。それで給料１割カットなんて言われたら社員は不満をためこみますよね」

秀さんはなぜ会社に来ていなかったのか。

「秀は馬鹿のくせに、権力だけは振りかざすんですよ。ベテランのスタッフにブチ切れて勝手にクビにしたもんだから逆に訴えられてしまって。労働組合も出てきて大ごとになったんです。秀が金目当ての弁護士を無料法律相談かなんかで見つけてきて、煽られて裁判やっちゃって。結局負けました。裁判費用や示談金やらで２０００万ですよ！この不手際が恥ずかしいのか出社しなくなったみたいで」

結局、秀さんはぶんむくれて会社をやめると言い出した。定年まであと1年。秀さんが抱えていた借金１０００万近くは美華さんと母が払い、退職金も小分けに出すことですんなり身を引いた。

「家の賃貸契約はおろか、携帯電話の機種変更、年金や保険の手続きもひとりでできないから、とにかく生活できるようにしてやりました。家賃や保険、税金などはすべて私が支払い、生活費を補填してあげて、クレジットカードも渡してあります。だってこれ以上サラ金から借りられても困るから」

秀さんの生殺与奪の権は、今、完全に美華さんが握っている。

三兄・充　一歩間違えれば犯罪者

さて、トリをつとめるのは充さん。美華さんいわく、3人の中でも「最も犯罪者に近い男」。充さんは「車の免許を取る」と言って、母にお金を出してもらっていたが、その全額を競輪につぎ込んでいた。母は何度もお金を渡していたが、免許は一向に取れないまま、お金が消えていったという。それは充さんが高校生のときの話だ。

「唯一、大学を出たのが充です。といっても、1浪して、コネで入学し、留年もしていましたから、ほめられたもんじゃない。父も充に興味がないというか。そもそも母が大学に多額の寄付金を払って、裏口入学させたことすら知らなかったと思います。そして、唯一父から勘当されたのも充です」

　無免許運転で電柱をなぎ倒した長兄の上をいく蛮行とは……？

「なんとか大学を卒業して、生命保険会社に入ったのに、そこで充はお客さんから預かったお金を全部使い込んだんです。母が平身低頭お詫びして、全額弁償しました。『どうか訴えないでください』と。もちろん父には内緒ですよ。その後、別の生命保険会社に入って、また同じことを繰り返したんです。横領を。会社をやめた後は、方々で借金三昧。父は激怒して『一歩でも家に入ってくるなー！』って。勘当されて当然ですよね」

　家を追い出された充さんは、パチンコ屋に住み込みで働き始めたという。ギャンブルはオールラウンド。秀さんはパチンコと競馬のみだったが、充さんは加えて競艇、競輪、地方競馬までも手を出していた。

「充は謙と仲がいいんですよ。父に勘当されたときも、謙の家に頻繁に顔を出して、ごはん食べさせてもらったりしていたんです。でもね、謙の妻の弟さんが地方から遊びに来たとき、事件は起きたんです」

　元来、調子のいい充さんは、知らない人が大勢いる中でも場を盛り上げて人気者になるような、まるで寅さんのようなタイプだという。弟さんとも意気投合して、一緒にパチンコに行ったりしていたのだが、弟さんが東京に滞在中にキャッシュカードを紛失。お金を使い込まれたため、警察に届け出た。

「警察から連絡があって、『引き出した犯人が捕まりました』と。弟さんが確認しに行ったら、充だったっていう……もう終わってるでしょ？　でも謙が箝口令《かんこうれい》を敷いて、父には知らせなかったんです。弟さんには詫びて、お金は母に払わせたんですよ！　私は『警察に突き出せばよかったのに！』って言いましたけど」

　その借りもあって、充さんは謙さんに対して下手に出るようになる。謙さんも自分の手下がほしかったようで、父が亡くなった後、充さんを会社に呼び寄せ、九州支社を任せた。

いろいろな人を殺し、いろいろな人を結婚させる

ここまでくると、もう福永家の息子たちの行動が少しずつ予測できるようになる。お前の金は俺の金というジャイアンが家に3人もいたら、いくらお金があっても足りない。東京では謙さんが、関西支社では秀さんが、そして九州支社では充さんが高給取りでありながら、方々で借金をして、経費を湯水のごとく使うようになっていた。

「充は、経費をせしめるために本当にいろいろな人を殺して、いろいろな人を結婚させてましたね。要するに、お葬式や結婚式に参列するといっては、お香典やご祝儀として会社のお金を使ってきたわけです。冠婚葬祭は嘘で、せしめた経費を競艇か競馬に突っ込んでいたんですよ」

当時、関西支社の社員たちが頑張って、新たな業態も展開し、売上を倍増までさせた。ところが、九州支社が足を引っ張る。九州支社の役員たちも充さんの経費使い込みを見て見ぬふりだった。

「もうホントにクズなんですが、充には経費の使い込み以外にも５０００万の借金があったんですよ。何に使ったのかは知りませんが。さらには、自律神経失調症だと言い張って、わざわざ九州から東京の病院に通っていたんです。どうやらそこの女医さんに熱を上げていたばかりか、池袋の風俗店にも通っていたらしく。ちなみに充は既婚者です。連れ子がいる女性と結婚しましたからね」

あるときは大阪出張と言って出ていったはずが、なぜか京都の競馬場から会社に連絡が入った。聞けば、『落とし物で、福永充さんのお財布を預かっています』という。名刺が入っていたようで、わざわざ連絡をくれたのだとか。何とも間の抜けた話だ。

「長兄も勝手にクルーザーを不法係留したり、駐車場料金を踏み倒したり、と金に関してのエピソードは尽きません。それに比べれば、充が財布を落とした間抜けな話はまだかわいいもんです。でも、長兄とは縁が切れた一方で、充の問題はまだ残っていましたから、私もこの頃、本当に眠れなくなって。常に頭の上にやかんをのせているかのように熱くなっていたんですよ。医者に『血圧が測定不能です、すぐ薬を飲んでください』と言われるくらい。私が40代前半の頃でしたね、常に血圧が軽く２００超えだったのは」

借金に困って、「父が亡くなった後の相続でもらえる８００万をもらっていない、妹が８００万の外車を買って使い込んだ」と主張してきたこともあったとか。実は充さんの相続分は母が積立の保険にして、現金を渡さなかったという。現金を渡したらすぐに使ってしまう充さんを心配しての親心だった。

最終的に、使い込みと借金は、充さんの株の持ち分を取り上げることで、合意した。本来なら即刻退任だが、温情をかけてしばらくは傷病手当で暮らせるように整理したという。家のローンの残金は美華さんが立て替え、退職金も分割で払うことに。株はすべて取り上げたが、実家の土地の名義には充さんも入っている。もし闇金にでも手を出して、実家を担保にされては困る。

「充は平気で闇金に手を出すから。クズは躊躇なくそれをやるんですよ。でもね、最後に３００万貸したときに言ってやったんです。『返さなかったら、あんたの借金、ヤクザに債権売ってくるからな！　８００万でいつでも買ってくれるヤクザがいるって。私も５００万儲かるし。躊躇しねーぞ！』って。本当にそういう人がいて、『九州まで取り立てに行ってくれる？』って聞いたら『最後の最後にな』って。充もさすがにビビってましたよ」

きょうだい仲よしなんて嘘臭い

実は、充さんは数年前にがんを患った。もともと九州支社の人間から、充さんが長くないことを聞いていた美華さん。最期、もう呂律が回らなくなっていたときに「妹に感謝してる」と言っていたことも聞いた。一応、余命僅かであることは秀さんにも伝えたが、「知らねえ」の一言で終わり。

「交通費を出すから、面会に行ったほうがいいと言ったんですが、秀は行かなかった。ところが、亡くなった後で『なんで充が死んだことを伝えなかったんだ！』と激怒していて。もうよくわかりません」

充さんの妻から連絡がきたが、美華さんも葬儀には行かないと伝えた。

「これでもう私に借金をすることはないのよね、と確認しました。母は一応、赤ちゃんの頃から育てた息子だからか、『私も葬儀に行ったほうがいいかしら？』とか言ってましたけど、充の死については、『よかったわね、これでもうお金借りてくることはないじゃん。成仏してくれればいいね』って明るく言ってましたね。決して悲しいとかではない」

美華さんにはやっと平穏が訪れるはずだったが、もうひと波乱あったそう。

「充は生前の借金を『俺が死んだらこのマンションを美華にやるから、それで返してくれ。お前しか身内はいないから』とか言っていたんです。ローンの残債もすべて私が払いましたからね。ところが、充の娘（嫁の連れ子）がいつの間にか養子になっていたため、マンションはそっちに渡ってしまった。嫁も『充さんが勝手にやったことですから』って。充の負債を私が処理したことも嫁は知っているのに、私に返済するどころか感謝の一言もない。頭にくるけど、もう仕方ない。忘れました」

そして昨年から母は施設に入った。軽度の認知症もあって、夜中に冷蔵庫を開けっぱなしにしたり、美華さんの姿を探して、真夏の日中に家の前でずっと立ち尽くして熱中症になったこともある。住まいが変わることに抵抗があると思いきや……。

「若いイケメンの介護福祉士が優しくかまってくれるので、母もご機嫌ですよ。私が家で優しくしないからね。オンラインで対話したんだけど、もうニッコニコしてて」

美華さんの血圧は下がり、夜はぐっすり眠れるようになったという。母が開けっぱなしにした冷蔵庫にウンザリすることももうない。冷蔵庫の中の飲み物が当たり前に冷たいことに美華さんは大きな喜びを感じているそうだ。

父が築いた会社。父が建てた家。父の努力と苦労の結晶を必死で守ろうと頑張ってきた美華さん。本来なら、家族が力を合わせて守るのが定石だが、敵は他の誰でもない、家族だった。無責任にお金を貪《むさぼ》り、嘘をついては資産を食いつぶす兄たち。

「私、家族仲よし、きょうだい仲よし、とか言ってる人が、まあまあ嘘臭く感じるんですよね。だいたい私の周りでもそんなこと言ってる人は、利害が絡んだり、事件が起きたりという経験をしていないからですよ。きょうだいにクズがいたら、そんなのんきじゃいられませんからね。私は兄たちがこんな状態でしたから、20代の頃に結婚をあきらめました。婚姻関係を結んだら最後、相手のおうちにも絶対に迷惑をかけることが目に見えてましたから。だって、平気で家や土地を抵当に入れたり、消費者金融で借りまくるんですよ。結婚相手に借りを作るのも嫌だし、兄の尻拭いに巻き込みたくなかったから」

美華さんが費やしてきた膨大な時間と莫大な出費、そして封印してきた思いを目の当たりにすると、3人の兄たちの罪はとてつもなく重く感じる。

姉に食いつぶされる……

土井明日香さんの姉

「こんな話、親しい友達には言えないです。姉のことを知っている友達に話したら、びっくりしちゃうでしょう？　本当にここだけのお話ですが、姉と離れたい、距離を置きたい、関係なくなりたいと思っています」

そう話すのは、土井《どい》明日香《あすか》さん（54歳）。6歳上の姉・香奈《かな》さんの問題は周囲にも話したことがなく、他人に話すのは初めてだという。実は私の共通の知人が、明日香さんと香奈さんに会ったことがあるのだが、「姉妹には見えなかった」という。姉妹というと、顔立ちはもちろん、その人がまとう雰囲気が多少は似通ったものがあるはずだ。ところが共通点がまったく見いだせなかったそうだ。

「そもそも年齢が離れていますし、私は10代のときに英国に留学していましたから。そんなに接する時間がなかったんです。私は外に出たいほうで、就職してからも海外勤務が長かったので、姉とは2～3か月に一度会うか会わないか、くらい。姉はぼんやりしたタイプで、親の言う通りに学校へ行き、結婚して、みたいな感じの人だったから。姉にしてみれば、『わざわざ海外に留学したり、外国で働かなくてもいいのに。怖いじゃない？　あの子変わってるわ』って思っていたかもしれませんね」

商社勤務の明日香さんのフィールドはほとんどが海外で、実家住まいではあるものの、日本にいる時間はそう長くはなかった。香奈さんと接する機会が増えたのは、今から十数年前にさかのぼる。

「実は我が家は女系家族というか、にぎやかだったんです。実家には父と母と、叔母（父の妹）と伯母（母の姉）も一緒に住んでいました。母親以外にも頼れる女性がいて心強かったし、みんな仲がよかったの。子供の頃はこのおばたちにものすごくお世話になったんですよね、私も姉も。ただ、十数年前に母が病気で入院したり、叔母ががんになって入院したりと続いた時期がありまして。私と姉で、どちらかができるだけ病院に行けるようにしようということで、姉と接する機会が増えたんです。だから、私が40代に入ってからなんですよね、姉のふがいなさを目の当たりにしたのは」

家族の一大事に集結し、姉妹が力を合わせたのは事実。明日香さんも仕事をセーブし、叔母と伯母を看取《みと》った。その間に、いろいろと見えてきたことがあったという。

「おばたちが亡くなった後、母がよく言っていたのは、『土井家は家族3人』。父・母・

私の3人で姉は含まれていないということです。母の考えでは、姉は他家に嫁いでいる上、これまで十二分にお金を出してきたから、もう考えなくていい、と。十二分に、というのが、姉のふがいなさの歴史なんです」

封筒に入れた現金がなくなる家

香奈さんの時代は、大学を卒業した後でも「家事手伝い」になる女性が多かった。要するに結婚するまでの数年は就職するでもなく、良妻賢母になるための料理や芸事をたしなんでおく〝花嫁修業〟という言葉があった頃だ。「女はクリスマスケーキ（24までは買い手が群がり、25を過ぎると途端に売れなくなる）」なんてことも平気で言われていた時代。香奈さん本人も結婚を望んでいたのだが、相手へのこだわりがあったそうで。

「なぜか出身大学にものすごくこだわっていたんです。それがどうにもうまくいかなくて、ちょっと自律神経失調症になったときもあって。親が心配して、結婚相談所に数十万円支払って登録させたんですよね。アルトマンって、マッチングさせる会社が昔あったんですよ。でも結局、姉は望んでいた大学出身の男性と付き合うために、その大学のサークルに入ったりして地道に活動していたみたい。無事に、狙った大学出身の男性と結婚できました。結婚相談所に払った大金は無駄になっちゃったわけです」

　希望通り、幸せになれてよかったと思ったのもつかの間……そこから始まったのは「実家への経済的依存」だった。

「姉夫婦は結婚当初、実家の近所にアパートを借りていたんですが、両親にお願いして実家の土地に新築で一軒家を建ててもらったんです。もちろん費用は両親に毎月返済するという約束で。ところが、１回も払わなかったって。何年たっても払わなかったんです。それなのに、子供も生まれて手狭になったから、マンションに住みたいと。新築マンションを買いたいって。そのときにも、親は１０００万ほど都合してあげたらしくて。母はちゃんと借用書もとったらしいんですけど、結局一銭も払われていない。一戸建てからマンションに引っ越すときの話もすごいんですよ」

　香奈さん一家は新築マンションへあっという間に引っ越したが、家具や家電一式を、すべて一戸建てに置いていったという。

「引っ越すのに、冷蔵庫の中の冷凍食品まで置いていくって聞いたことあります？　もう生活していたそのままなんですよ。家電も何もかも新しいマンションに合わせて買ったみたいで、不要なものを全部置いたまま出ていきました。人様に貸すにしても、片付けてきれいにしないと貸せませんよね？　『片付けて』と再三伝えても、来る気配はなくて。結局、親がお金を出して、全部業者さんに引き取ってもらったんです。一事が万事そんな感じでできちゃってるんですよ、姉は」

ご実家が裕福というのも大きいかもしれないが、それにしてもすでに数千万円を香奈さんは享受している（踏み倒している、とも）。夫は大企業に勤めるサラリーマン。親に頼らずとも、十分に暮らしていけるはずでは？

「姉は常に『お金が足りない』と口にしていました。『あれもほしい、これもほしい』になっちゃう人なんですよね。とにかく買い物が好きで、歯止めがきかないタイプ。これは母から聞いた話で、本当にお恥ずかしい話なんですけど……姉が実家に来ると、現金がなくなるっていう。おばたちや母は昔の人なので、困ったときのために現金を家に置いていたんですよね。福沢さんの新札を10枚とか銀行の封筒に入れて、家のあちこちに置いてあったんです。私もそれはなんとなく知っていましたが、普通盗《と》りませんよね？　あるとき、母が2階にいて、階下にいる姉が『ママー！　ママー！』って呼んだんですって。『何？』って返したら、『なんでもない』って。要するに母が2階にいるかどうかを確かめて、封筒を探していたという。姉が帰った後で『あー、またやられた！』って。あとは、母が午後に出かけている間を見計らって来ていたり。姉は鍵を持っていますからね……」

もちろん、これを聞いたとき、明日香さんは母に苦言を呈した。「盗られて困るようなところに置かなければいい」と。すると「今度はちゃんと隠した」という母。それでも姉は置き場所がわかるらしく、いつの間にか消えているという。

「母はもう半分あきらめていて。『もうずっとこれだから、いまさらだしねぇ。それに人様のものに手を出すよりはいいでしょう？』って。母が十二分にお金を出してきた、というのは、一戸建てやマンションのような大きな支払いも、こうした小さな補塡も含めて、なんですよね。まだまだ他にもあるんですけど……」

姉一家の生計を丸抱えしていた母

香奈さんが湯水のごとくお金を使っていて、家庭で問題にならなかったのだろうか。夫は家を二度も買ってもらって、肩身が狭くなったりしなかったのだろうか。

「義兄は東北出身で、コツコツと働く真面目なご家庭で育った人でした。企業にちゃんとお勤めしていたんだけど、ほら、うちは女系家族でしょ？　父以外に男の人がいないから、甘やかしちゃったというか、ちょっと期待しすぎて変な感じになっちゃった気がするんですよね……。というのも、私の父は会社を経営していましたが、義兄を跡継ぎ

に と考えていたようです。ただ、ある種の国家資格が必要なので、義兄は会社に勤めながら資格取得のための学校に通い出したんです。もちろん、その学費は母が出しました。ただ、残業もあるし、昼は働いて夜は学校の生活は厳しいでしょう？　義兄は会社をやめて、昼も夜も学校へ行き、資格を取るまでに6年かかりましたよ。その間、義兄の学費だけでなく定期代まで、さらには姉一家の生活費、子供の学費を全部母が丸抱えしていたんですよね」

義兄はようやく資格を取得。父の会社に入ったものの、職人気質の父とは意見が合わないことも多かった。父の右腕となって働いてきた役員たちとも折り合いが悪く、うまくいかなかったという。

「父も、義兄よりは長年苦楽をともにしてきた役員たちを優先して、かわいがるわけですから。大喧嘩になって袂《たもと》を分かってしまいました。義兄も仕方なく自分で起業して、会社を始めるわけですが、軌道に乗るまでには時間がかかって。姉も義兄を支えて働けばいいのに、ほとんど働いたことがない人ですからね。しかも占いに凝っていて、買ったマンションの方角が悪かったとか言っていて。そのマンションを売って、引っ越したりしているんですから」

現在の姉夫婦には持ち家がない。賃貸暮らしの上、義兄の会社もオフィスを借りている。駐車場代も馬鹿にならず、切り詰めるところは切り詰めなければいけないはずだが……。

「父が引退して、会社を信頼できる役員に引き継いだのが5～6年前くらいかな。会社自体も別の場所に移転しました。義兄がその空いたスペースを貸してほしいと頼んできたことがあったんです。ほら、一戸建てもマンションも買うのに立て替えてもらったお金を1回も支払わなかった前例があるから、父も母も絶対に貸さないって言っていたんです。それでも姉が泣きついてきたので、破格の家賃でしぶしぶ貸すことになったんですが……家賃を支払ったのは2か月分だけ。しかも管理費も絶対に払わない。『管理費は大家が払うもの！』なんて言い出して。すごいでしょ？　ちょっと会ってみたくなるでしょう？」

　会ってみたいような、みたくないような……。お金に関しては、もう香奈さんの中で長年の成功体験でできあがった哲学のようなものすら感じる。「親の金は自分のものと主張する」ことへの正当性というか、権利というか。

「まあ、別にいいんですけどね。義兄の学費とか、甥っ子や姪《めい》っ子の教育費とかね、ちゃんと未来への投資として、親のお金を使っていたうちは。でも、基本的に姉は利己的な人なんだと思います。自分ではそう思っていないでしょうけれど。母ががんを患って、入院したのが5年前なんですが、姉に対してちょっと思うところもありまして……」

入院中の母のカードでお買い物

母の入院中、明日香さんは「日本にいる限りは毎日病院に行く」と決めていたそう。

「それは自分で自分に課したことなので、絶対です。でも姉に『別に毎日行かなくてもいいじゃない。明日香だって仕事があるんだし。毎日じゃなくていいよ』と言われて。結局、私が毎日行くと、自分が行ってないのが目立つから。この人、冷たいなと思ったんですよね。母も『お姉ちゃんはもう来なくていい。あなただけ来てくれればいい』って言い始めて。姉が面会に来ても、来た途端に帰る時間を気にしていて、気忙《きぜわ》しいんだって」

母は入院時に姉にクレジットカードを預けて、必要な買い物などを頼んでいた。後日、明細を見ると、買った覚えのない洋服などの請求が並んでいたという。

「本当にお恥ずかしい限りですが、それが初めてではないんです。叔母が胃がんで入院していたとき、もう自分でお金の出し入れができないから、姉にキャッシュカードを預けていたらしいんですが、そのときにも結構好きに使っていたことが後でわかりました。

もうひとりの伯母が入院するときは、これ以上姉にうまく使われちゃ困ると思って、母と私で通帳をちゃんと管理しましたけれど……」

もちろん、勝手にお金を使うからといって、愛情や感謝の気持ちがないわけではないだろう。姉だって母やおばたちを尊敬しているし、大事に育ててもらった恩義を感じている。それは言葉の端々に感じられるという。それでも、明日香さんはちょっとモヤモヤしてしまう。

「それでね、母は4年前に亡くなりました。私が家にいるときは、毎日お仏壇にお線香とお茶をあげるのね。たまに姉がうちに来たときには、同じように手を合わせてもらいたいと思っているんだけど、黙って見ていると自分からは決してやらない。お墓参りに行くときも、お花を1回も買ってきてくれたことがない。ご先祖様を大事にしないと、供養にならないじゃないですか。だから、姉に言ったんです。『それがとても悲しい』って」

しかし、明日香さんの思いが、香奈さんに響くことはなかった。

「姉が利己的だなと思うたびに、子供の頃を思い出すんですよね……。近所の子や年上の子に私がいじめられているのを見ても、姉は助けてくれなかった。もちろん、私が生意気だったからかもしれませんが、黙って見ているだけ。6歳も離れているんだから、普通は助けたり、大人を呼んだりしませんか？　大人になってからその話を姉にしたら、『妹がいた記憶がない、飛んでる』って。ひどくないですか？　母が言ってたんですけど、私を産んだ後、抱いて家に帰ったら、姉が唇を噛みしめてポロポロ泣いたって。蝶よ花よと育てられていたのに、妹が生まれて、親や祖父母の愛情を全部奪われたと思ったのかもしれませんね。姉としては私がいないほうがよかったんでしょうね、きっと」

どう考えても私は食いつぶされる……

おばふたり、母も亡くなった。父は現役を引退し、母を失って、どんどん弱っていったこともあり、明日香さんは早期退職を決めた。

「父は昭和一桁《けた》の世代で、87歳まで現役で仕事をしていましたし、わりと取引先の方や長年お付き合いしてきた方からは慕われてきたんですよ。盆暮れにはいまだにいろいろないただきものがありますし、会社や不動産などの事務的な手続きもありましたから、父の代わりに私がやるしかない。いつの間にか家守娘になっちゃいました、次女なのに……」

当時、姉夫婦は珍しく経済的に少し落ち着いていたという。親に無心することもなく、義兄の会社も順調だった。

「実は、１０００万預ければ毎月50万のリターンが入るという投資話があって。姉はそれに乗っかって、2年半くらいは毎月50万の配当を手にしていたんですよ。ところが、その後で急に配当が入らなくなって。警察の方から連絡があって、投資詐欺だったと判明して……。ただ、姉夫婦は一応、元を取れているというか、元本の回収はできているんですよね。それを豪快に使っちゃっただけで。逆に詐欺師から過払い金があるとか言われたらしいですけど。結局、姉夫婦は持ち家もないし、貯金もない。60代前半の夫婦が何にもない状態なんです。それで、ついに私に借金を申し込んできまして」

1回の額は50万から１００万。コロナの影響を受けた義兄の会社が厳しい状況に追い込まれた背景もあったようだ。

「父は、昨年2月に亡くなりましたが、父が生きているときからお金の無心はありました。『お金が足りないの。税金も払わなきゃいけないし、カードの引き落としもあるし。このままではサラ金とか闇金にいかなきゃいけない』って。もうなかば脅しですよね？　でも度重なる無心に、いったい何に使っているのか聞いたんですよね。そうしたら車を買い替えたりしているんですよ、新車に。数年前に買ったときは『もうこの車を乗りつぶすつもりです！』なんて言ってたのに、舌の根も乾かぬうちにって感じ。とにかく分不相応なんです。たぶん、父が亡くなったら不動産以外に現金が自分にもドーンと入ってくると思っていたんでしょうね。姉としては『相続のときに私の分を明日香に渡して、そこで相殺してくれればいいから、貸して』という腹づもりなんです」

そもそも姉は親からお金を借り続けてきた。返していない借金の借用書は、明日香さんが親から渡されている。借用書を持っていることを香奈さんに伝えると、「でも、それって明日香に返すお金じゃないよね？」と開き直っているという。

実際、明日香さんは今、相続の手続きで頭を悩ませている真っ最中だ。マンションや土地などの不動産以外に、相当額の現金があると思い込んでいた香奈さんは、自分の手元に入る遺産が想定外に少ないことを知って、落ち込んでいるという。そして、明日香さんが住んでいる実家も売って、お金にしてほしいと求めてきたそうだ。

「売却して分けたとしても、姉が払わなきゃいけない相続税は相当な額になりますし、私は住むところがなくなった上に、姉に払うだけ払って素寒貧《すかんぴん》になるなんて、怖すぎるじゃないですか。他の不動産も含めて、税理士さんに相談しているところですが、相続の仕方もなんだか姉の思うようになっているっていうか。もう、どう考えても私は食いつぶされるんでしょうね……なんか悪口ばかりになっちゃったけど、現状はそんな感じなんです」

明日香さんが都合したのは計２０００万を超えた。

仕事を勧めてはみたものの……

コロナ禍、姉一家の厳しい状況は続いている。家とオフィスの家賃に駐車場代などで、月々の支払いが「１００万円足りない」と明日香さんに頼ってくることが増えた。

「浪費家の姉があの一家の財布を握っている、そこがまず間違いだと思うんですよね。昔、母が義兄に言ったことがあるんですよ。『あの子にお金を全部預けちゃダメよ。とにかく家計費を決めて、その範囲内でやらせて、あとのお金は自分で管理しないと、とんでもないことになるよ！』って。でも義兄は『いや、でもそうは言っても、自分でお金持っちゃったから絶対に離さない』って、手をこまねいていただけでしたから。ただ、最近はさすがに義兄も呆れたらしくて。姉が言うには『次に支払いが足りない状態になったら離婚だ、って言われちゃった』って。離婚すればいいじゃないと一瞬思いましたけど、本当に離婚して、こっちに戻ってこられたら困っちゃうから」

還暦の香奈さんは今から正規雇用というのも厳しい話だ。結婚して専業主婦になり、夫の会社も手伝っていなかったため、正規で働いた経験がない。

「一時期、事務のパートをしていたんですよね。3年くらい続いたんじゃないかな。ただ、姉は週3回で、働く日も選べるという特殊な勤務形態で。よくしてくれた上司がいたんだけれど、その方がいなくなってからは職場で意地悪されたらしくて。他の方は派遣会社から来てフルタイムで働いているわけだから、優遇されている姉はけむたかったんでしょうね。行くのが嫌でやめたというから、知人の会社を紹介したんですけどね……」

なんでも、海外から輸入した製品を何人かで厳しく検品した後、日本仕様にパッケージし直す仕事で、手先の器用な姉ならできるかも、と思ったそう。ところが、3か月とたたないうちに、契約更新は厳しいと言われてしまったという。

「姉に話を聞いたところ、姉としては一生懸命やっていたつもりだったけれど、1か月くらいたったときに現場の管理者に『香奈さん、こんなことやっていてもつらいだけじゃないかしら?』とやんわり言われたらしくて。たぶんボトムラインの超ベーシックな仕事なのに、テンポもペースも周囲に合わせられなかったんじゃないかな。事実上のクビで、姉も地味にショックを受けていましたよ。そもそもおっとりしているし、50代後半まで組織でちゃんと働いたことがない人ですから、短時間に迅速・丁寧・正確さ・チームワークを要求される仕事は厳しかったんでしょうね」

占いと欲望に忠実な姉

香奈さんも働く意欲がないわけではない。少なくとも現状に危機感はもっているようだ。というのも、以前自分で自分を占ったときの「運命」が当たっていたから。

「四柱推命だか算命学だったか忘れましたが、姉がずっと言ってたんですよね。『私って、55歳以降から死ぬまで働くようになって、今までにないエネルギーが出てくることになってるんだって』って。当たることもあるんだなって。うまくいかないことを占いのせいにするのはどうかと思うんですけどね、それが彼女の心の支えになってもいるようなので」

いい方角へ旅をすると、いい気が舞い込む。いい日に買い物をすると、運気も開く。香奈さんの行動基準は、占いに左右されている。

「そこに消費というか浪費が伴うから問題なんですよ。私に内緒で、お友達と旅行に行ったことがあって。義兄にも、私と旅行に行ったって嘘をついてね。別にいいんですけど、ワンコ2匹も連れていったと思っていたら、インスタで川下りとかしてる写真をアップしてるんですよ。『え？　ワンコはどうしたの？』と聞いたら、動物病院に預けたって。私に預ければタダなのに、私にも義兄にもちょっとうしろめたいからでしょうね。動物病院に預けるのも、そんなに安くないはず。『なんでそういうところで浪費するのよ』と言ったら、『だって明日香に言ったら怒るから』ですって」

旅行だけではない。絵を習いに行ったり、テニススクールやゴルフスクールに通ったり、お友達と頻繁にランチ会をしたり。香奈さんは明日香さんに借りたお金で、人生をおおいに満喫している模様……。

「たまに行くならいいけれど、頻繁なの。それだけで何万円もかかるわけよね。『あなたと他のお友達は違うんです、高級ランチ会もやめて！』って思わず言っちゃいました。だから、去年の夏にお金を貸したとき、『こうなったら好きなものを断ちましょう、私も付き合うから』って、姉も私も大好きなかき氷を断つことにしたの。ふたりともちょっと気に入ったお店があって、よく行ってたのよね。そこのかき氷は結構高いんですよ。１杯２０００円以上するし。私も約束した手前、２か月以上は我慢しましたよ。その後、友人と行ったとき、お店の人に『久しぶりですね』って言われたから、『姉とふたりで願掛けもあって、かき氷断ちしてたんです』と言ったら……『え？　お姉さん昨日も見えましたけど？』って。もう馬鹿らしいでしょ？　そもそもなんで私も我慢しなきゃいけないのかしらって考えたら、腹が立ってきちゃって」

このコントのようなやりとりからして、姉妹の関係は決して悪くない。すべては明日香さんの懐の深さと豊かさがあってこそ。もはや好きとか嫌いとか感情で語る関係性ではないような気もする。相続の件が無事に終えたら、姉とはできるだけ離れて暮らすという明日香さん。姉一家に食いつぶされないよう、全力で音信不通になれたらよいのだが、明日香さんの強い責任感がそれをよしとはしないだろう。

「お話ししてみてわかったけれど、私も悪いんだよね、きっと。甘いものに、さらにはちみつをかけるような感じで。姉を甘やかしすぎました……」

香奈さんからのお金の無心は、残念ながら今も定期的に続いている。

関知しない・お金は貸さないスタンスを

なぜお金を出してしまうのか。可哀想だから、世間体があるから、きょうだいだから……。ふがいないきょうだいのお金にまつわる問題については、法律上の見解も知っておきたい。法律事務所クロリスの弁護士・吉田美希先生にお話をうかがってみた。

そもそもきょうだいがつくった借金や負債を払う義務はあるのだろうか。

「保証人になっていなければ、支払う義務はありません。サラ金や闇金など違法な業者の場合、興信所などを使ってきょうだいのところへ取り立てに来たという話は確かに聞いたことがありますが、法律的にはきょうだいが支払う義務はないです。違法な取り立てや脅迫は迷わず警察へ、あるいは弁護士に相談ですね。ただ、みなさんなぜきょうだいに無心されて出してしまうのか。そこに問題の根の深さを感じます」

つまり、ふがいないきょうだいの側を援助してきた「親」がいるから、余計に家庭内の金銭トラブルが助長されているのではないかと吉田先生は指摘する。

「もう少し、人と人の境界線を意識したほうがいいのかなと個人的には思いました。毒親もそうですが、家族を自分の一部と思って切り離して考えられないんですよね。親が借金を肩代わりしてあげたという方もいましたので、始まりはそこかなと。きょうだいを見捨てられないというのも、逆にご自身が精神的に切り離せていないのかも。仮にきょうだいが闇金にお金を借りてトラブルになったとしても、もはやそれはそのきょうだいの人生です。しかも大人なので、関知しないスタンスをとればいいと思うんです」

よそで借金というよりは、きょうだいに無心してくる場合は、念のため借用書をとっておけばいいのだろうか。

「たとえ借用書を作っても、今後返せる見込みが立たなければあまり意味がないです。仮にきょうだい間で裁判をして勝ったとしても、回収の可能性がなければ判決を得ただけで終わってしまいます。そもそも回収できないなら費用をかけてまで裁判はしないですよね。『借用書あるんですけど……』と相談にいらした方も、結局は返ってきていないケースがたくさんあります。個人的には『最初から出さない』の一択です。冷たいかもしれませんが、この手のトラブルを多く見てきているので。『貸す』ではなく、あげる。返ってこない前提で渡すととらえたほうがいいと思います」

パンが一切れしかないならあげなくていい

きょうだいは仲よく助け合うもの。この呪縛から解き放たれるためのヒントがほしい。

法律ではどのようなとらえ方なのか。

「確かに、民法８７７条では『きょうだいに扶養義務がある』という位置づけをしていますが、そこまで強い義務ではないんです。例えば、『夫婦間の扶養義務』や『親が経済的に自立していない未成年の子に対して負う扶養義務』は、自分と同程度の生活水準を維持してあげないといけない、かなり強いものです。たとえるなら、『食料としてパンが一切れしかないなら、そのパンを人数分、均等に分けなさい』というレベル。これに対してきょうだいの扶養義務は、養う金銭的余力があれば助けるというもので、『パンが一切れしかないならあげなくていい』レベルなんですね。一切れを自分の家族で分け合った後、さらに別に暮らしているきょうだいの分が残るはずもないですから。最終的には裁判所が扶養義務の有無や程度を判断するわけですが、今の社会で金銭的余力のある人なんて、ほんの一部の資産家くらい。それに現時点では金銭的余力があっても、子供がまだ小さくて将来教育費がかかる状態とか、ローンを抱えて老後が不安な状態では、決して余力があるとは言えないわけです」

　非常にわかりやすい。扶養義務と言われると「私がやらなくちゃ」と思ってしまう真面目な人には、肩の荷がおりる話である。きょうだいが生活保護を申請した場合、文書や電話で問い合わせがくる「扶養照会」についても、余力がないなら断ればいいし、強制力はない。ただし、ふがいないきょうだいに悩む人の本質は、そこではない気もしてきた。

「家庭内の人権侵害に対して、日本社会はわりと疎いと私は感じています。自分に対して害を与えてくるようなきょうだいと距離を置くことはできるのに、心理的な葛藤があるんですよね。ひとつはやはり社会からの無言の圧力。『家族は助け合いなさい』『老いた親を捨てるなんて何事だ』『きょうだいは仲よく』という強い刷り込みです。もうひとつは、家庭内では被害者が軽視されやすいこと。他人同士のトラブルと比べて、家庭内で起きたトラブルは可視化されにくくて、アクションを起こすことにも抵抗がある。要するに、家族の問題は家族で解決するしかない、と思い込まされているんですよね」

家族の罪や恥を全力で家族が隠す。負担や被害はきょうだいが抱え込まざるを得ない。その「意識」を変えることが必要なのではないだろうか。

親族間の窃盗は罪に問われない!?

仕事上、親族間のトラブルを数多く目《ま》の当たりにしてきた吉田先生だが、実はご自身も毒親に心理的虐待を受け、苦しめられてきた家庭内の被害者だ。親やきょうだいに害を与えられている人から多くの相談を受けているが、肌で感じる「壁」があるという。

「例えば、刑法で親族間の窃盗には特例があって、原則として罪に問われなかったりする。法律自体がどこか、家というか家庭というものにすべてを任せすぎという感じがします。そのほうが国家は楽だからでしょうけれど、『家庭内の問題は自分たちで解決してね』って言っているようなものですよね。法律って、社会からのメッセージなのだと思っています。きょうだいの扶養義務が書いてある民法をとっても、家族間の窃盗を罪に問わない特例がある刑法をとっても、家族というものを特別視したいんですよ。実際には、家族の形態も価値観もかなり変わってきているのに、法律は『イエ意識』の名残があり、その旧態依然としたものにみんなが縛られている。それでいいのかと疑問です。こと家庭内のトラブルに関しては、法律は本当に無力だと日々感じています」

「イエ意識」とは、家名の存続を最重要視する社会意識で、家族の長は男性（父や長男）であり、女性は彼らを支えてケアするのが当たり前という思い込みのこと。今回の取材ではふがいない兄が多かったのだが、例え問題があっても「男だから」「長男だから」と守られてきた、という背景がそこにあるのだろう。

取材中には「縁を切りたい」という文言を何度も聞いた。実際、きょうだいの縁を切るというのは法律的に可能なのだろうか。

「法律上はできないです。親子であっても縁を切るという法制度はないんです。養子縁組であれば解消、要は離縁するっていう形で法律上の親子関係を切ることはできますが、実の親子やきょうだい、要は血縁でつながっている関係は何があっても戸籍上では切れないです。ただ、私は常々その〝戸籍上〟というのが結構ポイントだと思っています。結局その親子にせよ、兄弟姉妹にせよ、事実上疎遠にしたいと本人たちが思えば、疎遠にすること自体はできますよね。なので、法律上の絶縁という形はとれないけれど、やっぱりその毒親なり、そのふがいないきょうだいなり、自分に対して害を与えてくるような人たちとは事実上できる限り距離を置くっていうことはできます」

吉田先生が提案するひとつの方法が「内容証明」である。精神的に、あるいは経済的に負担を強いられたことを文書にして、親やきょうだいに送るという。

「戸籍上の関係は永久に続いてしまうし、社会的にもその『親きょうだいで連絡をとり合えないのは異常事態』と皆がみなしますよね。なので、このケースにおいては異常事態ではなくて、『むしろこの人があなたたちと疎遠にしたいのにはこういう理由があって、だから今後も一切接触してこないでくださいね』という感じの内容の文書を送ります。ただし、内容証明自体に強制力はないので、こちらの要望を伝えると同時に、『誠に遺憾ではありますが、この文書に書いてある内容を守っていただくことができない場合は法的措置を取ります』という警告も入れるんですよ。そうすると、基本的に親きょうだいからのしつこいつきまといみたいなことはほとんど止《や》みます」

ただし、内容証明を送って事実上の絶縁状態にしたとしても、将来、親の介護や相続などの場面では完全に無関係ではいられないという。また、内容証明を送るにあたっては、別のハードルもある。

「もう本当に事実上絶縁したほうがいいと思われるケースであっても、躊躇する方はいます。相談の予約を取っていても、直前になって『やっぱり大丈夫です。まだそこまでするほどじゃない』と、自分の被害を矮小化してしまってキャンセルされる方など。せっかく勇気を出して来たのに、もったいないなとは思います。依頼される方の多くに葛藤があって、結構揺れ動くんです。私が文案を作って送る段階で『ちょっと待ってください』というパターンも稀《まれ》にあるので。でも、こういうこともできるんだと知っておくだけでも、気持ちが楽になると思うんです」

絶縁することに葛藤が生まれるのはわからないでもない。確かに、私自身も「きょうだいは助け合うのが当然」という思い込みがあった。でも、法律上は思っていたほどの義務も義理もないことがわかって、ちょっとホッとした。縁を切りたいと本気で思うなら、手段もあることがわかったし、あとは自分がふがいないきょうだいに対して本当はどうしたいのか、である。感情だけでなく、将来設計まで含めて、自分自身に問う必要があると思った。

3章

暴言を吐くきょうだい

思春期に激しい反抗期を迎えたきょうだいが家にいると、家族は気を遣うようになる。何もしゃべらず仏頂面《ぶっちょうづら》。話しかけても返事をしない。気に障《さわ》ることがあると、ものを投げたり、怒鳴ったり、悪態をついたり。「おはよう、おやすみ、いただきます、ごちそうさま、いってきます、おかえり、ありがとう」という当たり前の挨拶が家庭から消滅する。気を遣う側の家族は萎縮し、悪くもないのに「ごめんね」が口癖に。あるいは、腫れ物に触らないよう、余計な言葉を発しないようになる。家の中では会話が減り、気まずい空気が充満する。

とはいえ、嵐のような反抗期もいずれ止む。成長とともに自然とおさまっていく。荒れ狂った本人も「あのときは自分でもよくわからないけど、何もかもがムカついていて……」と笑い話にできるようになる。そう信じている親も多いはずだ。

そんな反抗期が大人になっても延々と続いていたら……？　逆に、大人になって反抗期を迎えたら？　不機嫌は暴言に形を変えて、攻撃性を増す。親を攻撃し、きょうだいを攻撃し、幼稚性を帯びたまま、我が物顔に振る舞う。

つまり、「自立していない」「お金にだらしない」だけが、ふがいないわけではない。家の中の暴君も、人としてはふがいない。そう思いながらも、すでにあきらめの境地にいる人々がいる。きょうだいと距離を置く決意を固めている女性たちに話を聞いた。

アラサーで反抗期

影山桂さんの弟

「うちの弟、刺青《いれずみ》だらけで遠山の金さんみたいになっちゃってて」

かなり衝撃的なたとえで語り始めたのは、影山桂《かげやまかつら》さん（42歳）。ちょうど一回り離れた弟の友《とも》さん（30歳）が最近、暴れているという。おしゃれなファッションタトゥーの類ではないのか？

「モノクロじゃなくてカラーのやつ。手彫り？　和彫り？　よくわかんないけど、もう結構なとこまで入れちゃってるから、半袖着れないぐらい。おとなしい子だったんだけどね」

影山家のちょいと複雑な家族構成を説明してもらう。桂さんは3人きょうだい。2歳上の兄・優《ゆう》さん（44歳）、桂さん、そして弟の友さんである。

優さんと桂さんは同じ父親だが、友さんだけ父親が違う。母は桂さんたちの父と離婚した後、2回再婚した。友さんは1回目の再婚のときにできた子供だが、長くは続かずに離婚。2回目の再婚相手がいわゆる育ての父親となった。

「友が生まれる前から、優と私は祖父母の家で暮らしていたから、実はあまり詳しいことは知らないんだけど、遅くにできた子だったから、母がものすごくかわいがってて。友が『いじめられた～』とか言ったら、母が『可哀想に、よしよしよし』って抱きしめてなだめたりして。いじめられたんじゃなくて、友がいたずらしてちょっと怒られただけなんだけど。とにかく甘えん坊でしたよ」

桂さんも優さんも友さんと一緒に住んでいないため、時々家を行き来して食事するくらいの関係だった。友さんが小学4年生のとき、桂さんはすでに成人し、ひとり暮らしを始めていたので、彼は弟というよりも親戚の子ぐらいの距離感だったそう。

「母がちょっと、というかだいぶ奔放な人だったから、私もあんまり家に行かなくなったのね。優はいろいろ面倒みてあげたりしていたみたいだけど。どうやら友は子供の頃からいじめられてたんだって。お受験して、私立の中学校に行ってたんだけど、卒業間際に退学しちゃって。だから卒業式は近所の公立の中学校で、周りが誰ひとり知らない学校で卒業したって言ってました」

桂さんは大学卒業後、大手出版社に入り、多忙な日々を送っていた。弟が高校に入ったことくらいは聞いていたが、その後はほとんど連絡もとっていなかったという。友さんが結婚したという知らせも、優さんからなんとなく聞いてはいたが、お祝いを送って出席はしなかったという。
「そもそも家族に興味がないんですよ、私。別に、虐待とか暴力とかそういうこともなかったけれど、育ててくれた祖父母もわりと放任主義の人たちだったし、あー自分はひとりで生きていかなきゃいけないんだなってことは、子供の頃から考えていましたから。だから、甘えん坊の友には、なおさら興味がなかったんでしょうね。優から聞いた話では、友はイケメンで高校生のときは女の子にモテて、いつも違う女の子を連れてきたって。それなりに青春してたんだなぁって、ぼんやり思ったくらい」

　母が亡くなったのは数年前。優さんから知らせを受けて、葬儀には出席した桂さん。そこで見たのは、変わり果てた友さんの姿だった。
「びっくりした。びっしり刺青入ってて。別にヤクザになったとか、半グレになったとか、じゃないんです。反社会的な何かっていうわけではない。気の弱い子だったから、いじめられないようハクをつけたとか、変わりたかったとか、そういう感じだったのかなぁ。刺青入れようが何しようが、友の勝手だから、別にそこはいいんだけど……」

　その葬儀の席で、事件は起きた。友さんが急に暴れ出したのだ。

遠山の金さんが暴れん坊将軍に

葬儀場の待合室の中で、怒鳴り声が響いた。

「みんなで寄ってたかって俺のこと騙しやがって!!　俺のこと陰で笑ってたんだろう!!」

ぼんやりと仕事のスケジュールのことを考えていた桂さんは、その声の主に目を向けて、驚いた。友さんが優さんと義父に向かって怒鳴り散らしていた。親戚がなだめようとしても、興奮は一向におさまらない。

「後で話を聞いたら、どうやら優が友に言ったらしいんです。『お前は俺たちと父親が違うからなぁ』って。え、知らなかったの？　って感じなんだけど、友は全員血がつながってると思っていたみたいで。優と私とは父親が違うこと、義父が本当の父親ではないこと、それを聞いて暴れ出したというわけ。叔父とか叔母とかいとこたちもみんな知っていたし、本人も知っているものだと思っていたのに、優がぽろっと一言もらしたことで、急に大暴れしたんですよ」

もう一度、整理してみる。友さんの実父は、母親の1回目の再婚相手。ただ、その男性とは離婚して、今の義父と2回目の再婚。友さんが小学生の頃とはいえ、父親が変わって、名字も変わるのを経験しているはず。

「そもそも優と私とも名字が違うし、違う男が急に家に来たんだから、いくら小学生でもわかるでしょう？　馬鹿なのかな、この子は、って思ったけど。母にかわいがられて甘やかされたし、叔父や叔母も最年少の甥っ子を全力でちやほやしてきましたからね。普通、20歳を越えればなんとなくわかるはずなんだけどね。それで、葬式んときに大暴れして、もう遠山の金さんが暴れん坊将軍ですよ。笑っちゃうんだけど、本人も変なスイッチ入っちゃったみたいで。そこから反抗期。アラサー、もうすぐ30になるいい大人が反抗期に入っちゃった」

　それこそテーブルをひっくり返し、ひとしきり暴れた後、友さんは驚きの行動に出た。

「なんかね、『金よこせ！』って叫んで、お香典を全部持ってっちゃったんだよね。何十万だか何百万だか知らないけど、香典袋の束をわしづかみにして持ってっちゃったの。『俺は金を貸してたんだ、母親に！』とか大嘘ついて。もう親戚一同が呆然ですよ」

　茶化してはいけないのだが、脳内で想像する。甘えん坊将軍が遠山の金さんになって、さらに暴れん坊将軍になった後、盗人に……。時代劇シリーズの行き着く先には、さらなる復讐劇が待っていたという。

義父を警察に突き出した

友さんには同い年の妻と幼い子供がいる。母が住む実家から近いところにマンションを買って、住んでいたそう。頻繁に実家に通い、なにかと世話になっていたようだ。

「母と義父が住んでいた家は結構広くて、光熱費だけでも毎月10万以上するんだって。友はちゃんと仕事をしていたけれど、まあ子供もちっちゃいから、実家に頼ってたところもあったみたい。たぶんマンションの頭金とかも母親が出したんだろうね。でも、葬儀以降は義父に対して、恨みつらみをぶつけるようになって。ま、私も義父というか、その人のことをあまりよく知らないし、その人もなんていうか、母のお金で暮らしていたみたいな、ヒモみたいな感じ？ 仕事しないで、食いつぶしてたみたいだからね。母が亡くなっちゃったから、急に肩身が狭くなったらしいよ」

そのあたりは叔父や叔母、つまり母のきょうだいもなんとなく苦々しく思っていたらしく、母の死を機に、風当たりも強くなったようだ。

「優から聞いた話では、どうやらその義父が逮捕されたって言うんだよね。逮捕っていうか警察に連れていかれたらしくて。なんでも、友が『うちの妻が義父に無理やり体を触られて変なことをされた！』って警察に通報したんだって。性的暴行、みたいな？

まあ、その義父ってのも、整体だかマッサージだかが得意で、よく家族に対してボキボキ骨を鳴らしたりっていう、そういうことをやってたらしいんだけどね。でも、たぶん、嘘。友が嘘をついて、義父を追い出そうとしたんでしょ」

ちなみに、その義父はもう70歳を越えている。誰ひとりとして血のつながっていない老人をどうすべきか。

「実は、実家の名義は叔父なので、家を売り払ってもいいんだよね。もう何をしようと勝手なんだけど、友が嘘までついて追い出そうとしているっていうのが、すごいなと思って。結局、示談金を払って、義父は出てきたらしいんだけど。その後は聞いてないの」

自分の父親だと思っていた人が、実の父親ではなかった。その恨みが本人に向かうだけならまだいい。優さんや桂さん、そして叔父や叔母、親戚に対しても、自分を騙していたという怒りの感情をあらわにする友さん。みんなに裏切られたと思い込んでいるのか。

「嫌らしい言い方をすれば、もしかしたら母の遺産相続で取り分を多くしたいだけかもしれないんですけどね。面倒をみてくれた優に対しても敵意むき出しで。優も優ですよ、余計なこと言わなきゃよかったのに、と私は思います。優がなだめようとしても、聞く耳もたなくて、『優と桂がグルになって俺をハブろうとしている！　俺だけ血がつながっていないからだ！』みたいなことも言い出したらしいです。もう面倒臭い。母の遺産なんかいらないから、私は相続放棄の書類にサインしてさっさと送りましたけど」

　桂さんは親戚付き合いをほとんどしてこなかったが、母の死を機に、叔父や叔母、優さんとも連絡をとるようになった。逆に、みんながちやほやして育てた最年少の男子・友さんは孤立してしまったという。

「警察に嘘までついて大騒ぎしたわけですから、親戚の間でもさすがに『あいつ、ヤベエぞ』ってなってるらしい。もう関わりたくないって警戒されているみたい。私も関わりたくない。面倒臭いから、あとは『優、よろしく』って感じ。だから、ふがいないきょうだいっていうけど、優にしてみたら私のほうが頼りなくてふがいないのかも」

　義父はその後どうなったのだろうか。仕事もせず、年金もなさそうだし、70歳過ぎて家を追い出されたら、路頭に迷うだろう。そもそも友さんの怒りは鎮まったのだろうか。続きが知りたい……と思ってしまうのだが、桂さん自身がもう関わらないと断言し、「打ち切り」を決定。仕方ない。

　家族に期待をしない生き方を選ぶ。ふがいないきょうだいがいる人にとっては、これが最終形にして最良なのかもしれない。

兄の罪、母の罪

塩崎華さんの兄と妹

子供の頃から、兄をどんくさいと思ってきた。勉強ができず、要領も悪い。ただ、兄は病弱だったため、母が心配するのも仕方がないと思っていた。兄がいじめられていたら、相手が誰であろうと「お兄ちゃんに何するんだ！」と食ってかかって助けた。

「私は兄より成績も要領もよくて、何でもひとりでできる、手のかからない子だったと思います。母の態度も明らかに違いましたね。私とはひとりの人間としてどこか突き放して接しているのに、兄のことはいつまでたっても自分の体の一部みたいな感じ。家族や親戚との深刻な状況を私には話すけれど、兄には言わなかったと思います」

娘を信頼しているともとれるが、息子には余計な心配をかけずに溺愛しているようにもとれる。兄を甘やかす母のもとで育ち、無意識のうちに自立を促されたのは、塩崎華《しおざきはな》さん（53歳）。有名私大を卒業した後、大手飲料メーカーに勤務する会社員だ。夫の純《じゅん》さんは会社の後輩で、結婚して約20年になる。

そして、問題のきょうだいは、2歳上の兄・志朗《しろう》さん（55歳）と5歳下の妹・妃美子《ひみこ》さん（48歳）。ふたりとも現在は独身。最近、ひとり暮らしの母のもとに、コロナ禍で失業した兄が同居するようになった。いったい何が華さんを苦しめているのか。

父の死に直面してわかるふがいなさ

「どこから話したらいいかな。まず、父が5年前にがんで亡くなったのですが、最後の3か月は我が家の近くの病院で闘病生活を送ったんです。母は足が悪くて、ちょうど大腿骨に人工関節を入れる手術をした直後でした。頻繁に病院に行けない母に代わって、兄が父を見舞う。ただし、別に洗濯物を持ち帰るわけでもなく、顔を出していただけ。それでも3日に一度は顔を出すので、別にいいかなと思っていたんです。お兄ちゃんの勤務先は中小企業だけど、私の会社は大きいし、福利厚生もそれなりに整っているので、『介護休暇が必要になったら私が取るから、お兄ちゃんは無理せずできる範囲でやってね』と伝えたんです。基本的に私がキーパーソンとして父を見送ることを宣言しました。ところが、後になって知るんだけど、そのとき実は兄、失業してたの。無職だったの。兄も仕事があると思ったから看護を任せないようにしたのに、おい！　みたいな感じ。

母も兄の失業を知らなかったんです」

そもそも志朗さんは2浪して、中堅の私大に入ったが、卒業後は職を転々とした。専門書の出版社や業界新聞専門の広告代理店など、気がつくと職場が変わっていたという。父の入院時は失業中で、どうやら資格を取るために専門学校に通っていたとわかった。ニートではないわけだ。

「ま、それはしょうがないんだけど、その後です。父は最後の1か月を緩和ケア病棟で過ごしたんですが、個室が1泊2万円だった。でも24時間いつでも会えるし、なによりも実家で看取ってあげられない負い目もあるから、父の希望通りに個室へ移したいと母に話したんですよ。そうしたら、母は『私だったらそんな1泊2万円なんて家族に出させない！』と猛反対。父は保険に入っていたから赤字にはならないのに。それでも母は当時『お金がない』と言い張り、兄も母の意見に同調するだけ。じゃあとりあえず私が払うから、と個室に入れたんです」

結果的には、最期まで一緒に過ごせたので個室にしてよかったと華さん。ただ、兄や母の態度や温度が微妙に気になるようになった。

「父も最後は家に帰りたいと言っていて。猫が大好きでかわいがってたから、何回か家に帰らせたんですよね。でも亡くなる3週間前くらいには、もう体も弱っていて。これが最後かもしれないから、寝たままでも乗せられる介護用タクシーを手配しました。私も夫も兄も仕事が休みの日を選んで。そして母に電話したら、『その日は友達とカラオケに行くの』って。え、お父さんが家に帰れるのこれで最後かもしれないのに、カラオケを優先!?　兄に電話したら、『だったらさ、お母さんがカラオケ行ってる間に、お父さん連れて帰ってくればいいじゃん。お父さんが来た形跡を残さなければ、いいんじゃない？』って。は？　もうそこらへんから私の感覚とは全然ちがう人たちなんだなと。愕然としました」

一方、妹の妃美子さんは、海外を拠点に活動している絵描きで、個展やイベントなどがあるときにだけ日本に帰国し、学生時代のままに残されている実家の自室で自由気ままに滞在する生活を送っている。母が足の手術を受けることになった際は一時帰国して、母の看病と父の面倒は全部みる、と言ってくれたそうだが……。

「母の入院中、自宅にひとり残された父が急に怒り出すなど意味不明な態度ばかりで、ちょっと大変な状態だったんですよね。後で認知症のせいだと判明するのですが、妹も含めて家族は皆、父の病気がそこまで深刻な状況だと気づかなかった。妹は母の病院に通い、父の面倒をみているうちにブチ切れて、1週間出奔したんですよ。自ら宣言して父を世話すると言ったくせに、『お兄ちゃんもお姉ちゃんも何もやらないで私に押しつけて！』って逆ギレして、罵詈雑言《ばりぞうごん》と絶縁宣言みたいな捨て台詞メールを送ってきたんですよね……」

アーティストらしく、ちょっとエキセントリックなところもある妃美子さん。兄は兄で、妃美子さんの暴言にこれまた暴言で返していたという。「俺、昨日絶縁しといたよ。あいつは生まれたときから気に入らなかった」と。40代、50代のいい大人同士が暴言メールをやりとりしているのを見て、華さんはクラクラしたという。

「兄は中途半端だし、妹はブチ切れてるし、母は母で他人事《ひとごと》だし。結局、私しか父を看取る人間はいないんだって腹を括《くく》りましたね。父が亡くなった後も、葬儀の手配から役所の手続きまで、全部私がやったんです。兄も母も『華に任せる』とか言って何もやろうとしない。妹に至っては、放棄して出奔したくせに『お父さん！』と、すがりついてひたすら泣いてるし、葬式の日は遅刻するし。家族全員がホントふがいなかったですよ」

兄の暴言を振り返る

兄が妹に対して送った暴言には続きがあった。

「あいつが生まれてから俺の人生も父親の人生も全部めちゃくちゃなんだ」

華さんも、今までに妹から一方的に絶縁宣言をされたことがあり、兄と妹は仲がいいと思っていた。むしろ真ん中の自分だけが合わないと思い込んでいた。大学卒業後、すぐに家を出て、結婚も早かったので、ふたりと暮らした時間も短い。

「兄が積年の恨みを口にして、正直驚きました。油絵をやっている妹に対して、『あいつの油絵なんか誰が見るんだ、ただの落書き程度のくせに』とも言っていて。海外でそれなりに仕事をしている妹に対するやっかみなのかもしれないけど、兄は本当に心無い発言を平気でするところがある。あー、それで思い出した。兄の暴言に怒りで震えたことがあって……」

話は20年前にさかのぼる。華さんの結婚を、実は母があまりよく思っていなかったという。結婚前、純さんは大病を患い、長く入院していた。命の危険もある状態で、華さんは足しげく病院に通って、彼を励まし続けた。ちょうど同じ時期に、兄も交通事故で骨折し、入院していた。当然のことだが、華さんは兄よりも純さんを優先して病院に通った。そのことが気に食わなかったのかもしれない。

「母が昔から言ってたのは、『あんたはバリバリ働いて、お母さんのそばにいて。子供はお母さんが育ててあげるから』。そこに私の好きな人の存在がないっていうのが、おかしいんですよね。要するに、娘を自分に縛り付けておきたいというか、支配したいというか。まあ、一種の〝毒母〟だったのかもしれません。昔から、友達の男の子を連れてくると母はすごく仲よくなるんだけど、彼氏には嫌な対応をしていましたから。私の結婚も自分勝手に決めて、自分から離れていったみたいな感覚なんでしょうね」

　結婚を快く思っていない母から話を聞いていたであろう兄が、夫や彼の家族に対してここには書けない〝本心〟を吐き出したことがあった。それは本当にひどい、口汚い言葉で、華さんは体が震えるほどの怒りを覚えた。自分が言われるならまだしも、夫のことを貶《おとし》めて傷つけるような発言は、到底許せるものではなかったという。

「それを母が言ったとしたら人間性を疑うし、兄が言っているとしても、心の底から軽蔑します。なんか共依存みたいな関係なんですよね、あのふたりは。兄は実家から近い場所にアパートを借りて住んでいて、土日に必ず実家に帰っていた。兄が低収入ってことも母はわかっているから、一緒にご飯を食べたりして、支えてるつもりなんでしょうね。それは若い頃からずーっと変わらない。兄が『お前は学生の頃から遊び暮らしやがって。早稲田だか慶応だか知らねーけど何様のつもりだ。俺がなんで実家の近くに住むかわかるか？　この人（母）がいるからだよ！』と言い放ったんです」

　母子密着の根深さを感じるエピソードでもあるし、兄が優秀な妹や脚光を浴びる妹に対して、どこかで嫉妬している感じも伝わってくる。あるいは、華さんを縛り付けようとしているのは母だけでなく兄も、なのか。

「私、毎年元日は夫と夫の母と妹と合流して、みんなをうちの実家に連れていって、大宴会をやってきたんですよね。新年会を一気にそこで終わらせちゃえ、みたいな。もちろん宴の用意はほとんど私がお金を出して、パーッと豪勢にやるんですけどね。そうしたら、今年、また兄から暴言を吐かれたんですよ。『お前、義理の親までうちに連れてきてごはん食べさせてるけど、この人はね（母のことを指して）、まったくいいとは思っていないんだよ！　孫の顔を見せるならともかく、なんで義理の家族にまで飲み食いさせなきゃいけないんだ！』って。もちろん夫もいるんですよ、目の前に。母は青ざめて下を向いてましたけど」

　孫の顔発言を独身の兄がすること自体が「どの口が言う」案件なのだが、青ざめたのだとしたら、おそらく、もとは母の口から出た言葉なのだろう。

「だとしても、私に言えばいい話じゃないですか。わざわざ夫がいる前で、しかも兄がえらそうに代弁するっていうのも腹立たしいんです。私は激昂して、それ以来、兄と口をきいていません。実は……兄と口をきかないというのも……今に始まったことじゃないんです。ちょっと話が長くなるんだけど……」

明るくて、選ぶ言葉も的確。父への思いや夫への配慮、優しさが言外ににじみでるような華さんの口が、急に重くなった。話はどうやら40年前にさかのぼるようだ。

なんで志朗と口きかないの？

「それは私が小4か小5のときだったかな。まだ妹が小さかったから。夏休みだけど、親は家にいない。私はねぼすけでクーラーのある部屋で寝てたんです。そこで体を触られたんです、兄に……。最初は「え？」と思って驚いて起きたら、サッといなくなるみたいな。でもそれが何回かあって。ネグリジェをめくられたりとか……胸や下半身を触られたりして……。私、体は小さいけど発達が早いほうで、確かそのときもう生理がきてたんですよね……。触られてるのがわかると起きるんだけど、寝ぼけている間に繰り返されたんだと思うんです。すごく気持ちが悪いし、怖かった。でも、そのときの私は、お兄ちゃんは弱い人で私より自己主張できないし、どっちかっていうと守ってあげなきゃいけないって思っていたから……とにかく誰にも言えなかった。親にも友達にも。この話、実は40年、誰にも話したことがなかったんです……」

絶句。この取材で嫌な記憶を掘り起こしてしまったとしたら、本当に申し訳ない……。

「いえ、もう、自分の中でも、なかったことにしたくないので。とにかく、誰にも言えなかったというのは、ちょっと家の中がゴタゴタしていたこともあって。そこからお話しします。母が妹を妊娠したのが40代で、父が産むことに反対したんですよね。高齢出産が心配ということもありますが、ちょうどローンを組んで家を買ったタイミングだったから。経済的にも厳しいということで、父だけでなく父方の親戚からも堕胎を促されたそうです。父は経済的に祖母の面倒をみる約束になっていましたから。でも、母は中絶は嫌だと反発。それで一時期、両親が不仲になって、離婚の危機になったんです。父はもともと穏和で優しい人でしたが、家に帰ると一言も口をきかない、みたいな。それを私は全部見ていて、母から詳細を聞かされていました」

両親が離婚の危機を迎えているときに、兄の性的嫌がらせを話したら、完全に家族が壊れてしまう、と思った華さん。

「私はしんどい思いをしたけど、これを口に出したら、せっかく妹も生まれて再び結びついた『家族』が崩壊してしまう。そう思って、絶対に誰にも言わないと心に決めました。ただ、兄とは目も合わせたくない。それで口をきかないことにしたんです。なので、6～7年間、兄とは一切話しませんでした。親戚が集まったとき、母方の叔母たちから『華ちゃんはなんで志朗と口きかないの？』とよく聞かれました。露骨に無視していたから」

もちろん、理由を聞かれても答えなかったし、叔母に聞かれている華さんを見て、兄は知らんぷりだったという。たとえ、兄がそういうことに興味がある年頃だったとしても、それを妹に向ける精神構造がまったく理解できない。

「でも、自分の中で区切りをつけたんです。私が大学受験のとき、同じ浪人中のいとこが週末うちに泊まって、麻雀が大好きな父を囲んで宴会をよくやってたんですよね、人数が揃うから。ふと、そういうときに、私がここで一言もしゃべらないのも、逆にしんどくなって。これはもう許したほうがいい、自分で乗り越えようと。自分の中でもこんなにこだわっていると自分のほうが参っちゃうというか。もちろん、兄から謝られてもいないし、怒りはずっとためていたんだけど、もう自分の中で和解しようと思って。そこから口をきくようにしたんです」

追い討ちをかけた母の言葉

華さんは、兄に対する怒りと嫌悪感を、なかったことにした。家族を守るために、自分を犠牲にして封印してきた。その長い年月の間、兄は暴言を吐くことはあっても、華さんに謝ったことは一度もない。蛮行の加害者というのは己の罪を忘れるものだ。被害者はずっと苦しみ続ける。

「お正月に兄に暴言を吐かれた後、まだ寒い、3月くらいだったかな。母が急にうちに来たんですよね。母は滅多に来ない。20年で2〜3回くらいしか来てないから、どうしたのかと思ったら、『あのときはお兄ちゃんがあんなことを言って申し訳なかった。ごめんなさい』って。謝りに来たのかと思ったら、その後にいきなり『ついては3月におじいちゃんの法事があるから、華と純君で出てもらいたい』っていう話をし始めたんですよ。は？　って私も呆れちゃって。『そのためにお母さん、私に謝りに来たの？　結局、法事に出てもらいたいだけ？』って。母は墓守なので気持ちはわかるけど、形だけ謝って『それで法事がね』ってあまりにもひどくないですか？　そこで40年封印してきた怒りがワーッと沸いてきちゃって、あのことを母に初めて話したんですよ……」

もちろん、夫は仕事で不在だった。もし夫が家にいたら、華さんは母を家に入れなかったという。

「昔、なんで私がお兄ちゃんとあんなに長い間口をきかなかったのか、わかる？」

「お兄ちゃんは四大で、華は短大でいい、って私が言ったことに怒ってたんでしょ？」

「そんなことで怒るわけないでしょ。子供のとき、お兄ちゃんが私にひどいことをしたんだよ！　でも誰にも言えなくてずっと我慢してきたんだよ！」

華さんは母に事実をぶちまけた。そんな兄にさらに暴言を吐かれたこと、夫の家族に対して無礼な発言をしたこと、なによりも夫を傷つけたことが許せなかったのだと。

すると、母はこう言った。

「あー、お母さんもそういうことがあったわ……」

「自分の思い出話が始まってしまったんです。母が子供の頃、年の近い親戚のおじさんと住んでいた時期にそういうことがあったとか。私が長い間ずっとしんどかったと言ってるのに、そこには何の言葉もないんだ、この人は娘の痛みには思いを馳《は》せられず、自分のことしか考えてないんだ、とわかりました。80代という年齢を考えれば仕方がないことかもしれないけれど、パンドラの匣《はこ》を開けちゃったみたいな。『もう無理。お兄ちゃんとは無理』とだけ告げて、最寄り駅まで送っていきました」

華さんがふがいないと思っているのは、兄だけではなく、母もセットなのかもしれない。共通言語をもたない人、人の気持ちがわからない人、平気で傷つけて貶めるような暴言を吐く人、そして罪の意識がない人……。

「子供の頃から母に『うちはお金がない』と言われ続け、母がパートに行って家では内職して、はんだごてを使って部品を作ってるのも見ていましたから、私が助けなきゃっていう気持ちも根っこにある。だから、就職してからも毎月母に仕送りしてきたんです。たいした金額ではないけれど、4万円。キツイときは3万、多いときは5万。もう20年以上振り込んできたけれど、それが兄や妹に還元されるだけと思うと、もうやめてもいいかな、って。家族で外食するときも、誰も払わないから、全部私が払ってきたけれど、もうやめようかなって」

　自分では気づいていないかもしれないが、塩崎家を守ってきたのは明らかに華さんだ。いつも家族全員に気を配ってきた。大人たちの不穏な状態を察知しては子供ながらに気を遣い、ふがいない兄や妹がいじめられていたら助けに行く。

　話を聞いていると、どうやら家族だけではない。父方の親戚や母方の親戚のケアまで、華さんが担ったこともある。父の義姉（95歳になる伯母）の身元引受人として、なぜか華さんが入院手続きや世話をしたというのだ。

「なんか指名されちゃったから」と華さんは笑うが、その伯母に身内がいないわけではない。本来ならいとこがやる話ではないのか？　もしかしたら、指名されたのではなく、母の指示だったのではないかと疑念も浮かんでしまう。長年交流のなかった母の妹が事故で亡くなったときも、葬儀を手配したのは華さんだった。できる人に仕事が集中するのは世の常だとしても、なんだか腑に落ちない。

当然だが、兄はその手の事務手続きを一切やらない。やろうともしない。母もやらせようとしない。すべて華さん夫婦に要請するという。

「馬鹿な子ほどかわいいって言うか……母は、永遠に小さいままのかわいい息子をたぶん手放したくないんだと思う。過ちを叱らないし、咎めもしない。長男なのに面倒なことはやらせない。ホント罪深いなあって思うけど、まあそれが彼女の個性なんでしょうね。大人になって親戚から聞いてびっくりしてひっくり返りそうになったんだけど、うちの母と母方の親戚が、兄をどっかの高校に入学させる便宜を図ろうとした話があったんだって。兄だけは小学生から塾に通わせてたのに。考えてみたら、実家に兄と妹の部屋はずっとあるんですよ。兄は週末ごとに帰って使っていたし、妹も帰国したときは傍若無人に振る舞っている。私の部屋はもうとっくにないんですけどね」

気持ちの整理をどうつけるか

華さんはある女性が書いた本を読んで、ちょっと救われたという。

「小林エリコさんという方が、ロスジェネ世代の女性たちに向けた本を何冊か書かれていて。その中で、自分の機能不全な家族の話、どろどろの生き地獄みたいなことを書いた『私がフェミニズムを知らなかった頃』というエッセイ本があるんですけど、兄の性暴力について書いていたんです。彼女のネット記事を調べたら、ずーっと苦しい思いをしたのでちゃんと償ってほしいと、お母さんを経由してお兄さんにお金を払ってもらって、カウンセリングを受けているというんです。それもひとつの方法だなと思いました。たぶん、家族間っていうか、異性のきょうだい間の性暴力や性的虐待って、世の中にゴマンとあるんだけど、みんな、なかったことにされている。私がそうしたように。そうせざるを得なかったように。でも、これからは、なかったことにしちゃいけない、と思って。今、模索中なんです」

　華さんも時折、怒りがこみあげてきて、感情が爆発してしまうこともあったという。理由を言わず、夫に当たってしまったことも何度もある。今回、他人に話すことで華さんの中でも化学変化が起きている。

「家族は人間同士を縛り付ける関係ではなくて〝機能〟として考えればいい、とあるＮＰＯ団体の代表が言っていて、なるほどと思いました。ごはんを一緒に食べるとか、お金の管理をするとか、記憶を共有するとか、無駄話をするとか。機能として分けて見てみると、それは別に家族じゃなくてもできることがあったりする。家族不要論ではなくて、そういう場を作ればいいという話だったんだけど、『家族だからこうしなくちゃいけない』と思って苦しんでいる人はなんか気が楽になる。最低限の機能で十分なんですよ、家族って。問題をすべて抱え込まなきゃいけないと思っていたけれど、そこまでやらなくてもいいと思えるようになりました」

ちょっと前までは、母の介護が必要になったら、墓守もやらなければいけないなど、あれこれ思案していた華さん。今はもう義務として家族と関わることはやめたという。

「母の介護も葬儀も兄がやればいいし、墓守も兄が継げばいい。家も兄と妹と分けていい。もうあの〝家族ワールド〟というか〝母ワールド〟を私がセットする必要はないと思って。兄や妹が生活に困窮しても、扶養義務はない。嫌な思いもここまで重なると、もう私もお人好しじゃなくてもいいかなぁって」

人生で10時間も話したことがない

江口美沙さんの兄

「今までの人生で兄と会話した時間を合計しても、たぶん10時間いかないと思います」

そう話してくれたのは、ＩＴ企業勤務の江口美沙《えぐちみさ》さん（30歳）。いくら仲が悪かったとしても、きょうだいで話した時間がこれだけ少ないのは珍しい。3歳上の兄・寛太《かんた》さんと、どんな環境で育ったのか。

「兄の話の前に、そもそもうちには経済不安がありまして。父は大手自動車メーカーに勤めていて、私たちが子供のときにローンを組んで大きい家を建てたんですよね。父も母も価値判断能力が欠如しているというか、金銭管理とか長期的な見立てが出来ない人たちなので、相当無理なローンを組んだと思われます。ふたりともバブル世代なんで。ところが、父がリストラに遭って、失業しちゃったんです。育ちざかりの子供がふたりいるのに。それで母が精神的にまいっちゃって。そういう環境なんです」

美沙さんが小学生のとき、母は心療内科に通っていた。うすうすわかってはいたものの、それを口にしてはいけない空気があったという。母はどんな人だったのか。

「もともとアパレルに勤めていたけれど、結婚して専業主婦になった人。普段からちゃんとお化粧して、お洋服にも気を遣っていました。うちは田舎なんで、近所の人がいつもお互いの行動をチェックしているようなコミュニティなんです。だから、母はゴミを出しに行くときも、必ずきちんとした格好で出てましたね。愛想がよくて、外ではいつもニコニコして、感じのいい人に見えたと思います」

　美沙さんが強烈に覚えている母の異変がある。

「私が小学生、兄が中学生だったかな。確か、日曜だったと思うんですが、朝起きたら母がいなかったんですよ。いきなりいなくなっちゃってて。父と『どこ行ったんだ？』って心配していたら、母が帰ってきたんです。すっぴんでフリースとパジャマ姿のまま、車から降りてきて。何をしていたかというと、週刊少年ジャンプを買いに行ってたんです。兄のために。普段身ぎれいにしていた人が取り乱して、ジャンプを買いに行っていて。あー、この人すごいパニックになってるな、ダメになってるな、って、そのとき思いました。後から思えば、うつ病とパニック障害だったんだと」

　人一倍身なりに気を遣う母が髪を振り乱して、兄のためにわざわざ……その背景には、ふたつの要因があると美沙さんは言う。

「ひとつは経済不安。当然、家族で旅行した記憶なんてありません。母は精神的に疲弊しているのに、なんとか日常生活を維持しなきゃいけないと思っていたんでしょうね。父は真面目な人で、失業したショックとローン返済の不安で暗く沈んだ状態。後から聞いた話ですが、弱り目に祟《たた》り目というか、このとき詐欺にも遭ってるんですよ。この機械をつければ光熱費が下がってお得です、みたいな。よくあるじゃないですか、そういうの。騙されて、数十万円もするものを一括払いで買わされたらしいです。両親がともに混乱している状態で、正常な判断力がなかったんですよね」

美沙さんはそんな両親の弱っている姿を見るのが嫌で嫌で仕方なかったという。では、兄はどんな人だったのか？

「兄は中学校からバレーボール部に入っていて、推薦枠でインターハイに出るくらい強い高校に入学しました。気は弱いけど、彼がいた環境はＴＨＥ・体育会系。友達も多かったと思います。ただ、週末は大会や遠征でほとんど家にいなくて、家の中の現実を見ていないんです。週末の家の中のどんよりとした空気は私だけが見せられた、みたいな感じ。たぶん、兄には見せないようにしてたんですよ、両親が。なぜなら、兄は反抗期だったから」

ふたつめの要因が兄の反抗期。といっても、家庭内暴力やひきこもりではなかったという。むしろ兄の寛太さんは対外的には部活を頑張っているごく普通のスポーツ少年だ。

「内弁慶って感じでした。両親に手をあげることはなかったけれど、壁を殴るくらいはあったのかな。いちばんは暴言です。あと不機嫌の塊みたいな。不機嫌の塊がリビングにいると、それ一色になっちゃうわけですよ。この前、ケン・ローチ監督の映画『家族を想うとき』を観たんですけど、もうまさにあんな感じ。父親が失業して宅配ドライバーになるんだけど、うまくいかずに一家が経済不安に陥るんです。母親も介護の仕事をしているけれど、家計は火の車。子どもはふたりいて、兄は反抗期の真っ最中。問題行動を起こしてばかりなんです。幼い妹は崩壊寸前の家族をつなぎとめようと必死に耐える、みたいなストーリー。うちと近いなあと思って。男子は精神的に脆《もろ》いし、言語能力が低いですよね。だからうまく言葉にできないんだろうなって思いますけど」

「うるせー！　ばばあ」と怒鳴るのは日常。息子の言葉に傷つきながらも、機嫌を損ねないよう先回りして気を遣い、疲弊する。それで突然日曜日の早朝にジャンプを買いに走ったのかと合点もいく。当時、ジャンプの発売日は火曜日。それくらい母は混乱していたということだ。

消えた奨学金

経済状況が不安なことは小学生の美沙さんにもわかった。

「父は一時期、日本で20台しかない外車に乗っていたときもありましたが、それはおそらく祖父が金持ちというか、地元の名士だったからです。長いこと町長やって、園遊会とかに呼ばれるような人で、そのコネで父も就職しましたし。父がローンを組んだときも、もしかしたら祖父のお金を当てにしていたのかもしれません。ただ、その祖父も親戚の連帯保証人になって、遺産は全部なくなっちゃったらしくて。今でもちょっと嫌な記憶として残っているのが、父に内緒で母が私を頻繁に自分の実家に連れていったこと。祖母はいつもティッシュにくるんだお金を母にこっそり渡していたんですよね。娘をダシに使って、お金を借りていたというか、もらいに行ってたんだと思う」

もちろん、親は小学生の娘に「うちはお金がない」と直接は言わない。美沙さんは一度、確かめたくなって、ある行動をとった。

「母はお金がないことを嘆いていたけれど、父は私にすごく甘い。１回試したくなって、父と週末に家電量販店に行ったとき、ゲームボーイのソフトをねだってみたんです。当時で５０００円とか６０００円とかだったかな。買ってくれちゃうんですよね、父は。

でも、家に帰ると、母が『うちにはお金がないのに！』って泣く。でも、兄は高校から私立の附属校に入って、部活の遠征とかもあって、大学もそのまま上にいきましたからね。兄には結構なお金がかかってると思うと、『あれ？　うちはもうお金の心配しなくていいのかな？』と。私は県立の高校に通っていましたが、私立大学に行ってもいいのかも、と思うようになりました」

　県立高の中でもトップクラスの進学校で、美沙さんは成績優秀、学年1位になったこともある。教師からは難関国立大学も行けると太鼓判を押されたが、東京の有名私立大学を希望。奨学金をもらって、ひとり暮らしをしたいと希望した美沙さんに、両親も反対しなかったため、江口家は経済危機を脱したと勝手に思っていたそう。

「大学は東京なので、実家から通えないこともなかったけれど、2時間はかかるし、兄のいる家をとにかく早く出たかったから。生活費も含めて、奨学金があればなんとかなるんだなと思っていました。ところが、私が大学生のあるとき、学生課に行ったら衝撃の事実が発覚したんです。『江口さんは学費を滞納しています』って言われて。え？　どういうこと？　って。衝撃ですよね。父親に泣きながら電話したら『ついにバレちゃったか』みたいな。奨学金は父の口座に入るので、ローン返済に使ったのか、生活費に使ったのか、もう何がなんだかわからなくて……とりあえず実家に帰ったんです」

父は裕福な家庭の末っ子に育ったが、決してちゃらんぽらんな人ではない。ギャンブルの類は一切やらない。オヤジギャグは言うが、基本的には寡黙でおとなしい、真面目な人である。

「私が帰ったら、父が『わかった！　じゃあ今から昔の上司の家に土下座して、ちょっとお金借りてくるわ！』って。いや、そういうことじゃないし。当然借りられなかったので、父は一番上の伯父に電話して、お金を貸してほしいと頼んだんですよ。伯父も父が突然金の無心をしたことに対してカンカンに怒っていて。しかも私に電話を代わらせたんです。伯父からは『お前が大学なんか行かなかったらこんなことにならなかったのに！　恥知らず』みたいなことを言われたんですよ……。ある日突然生活の基盤が崩れ、罵声まで浴びせられて、混乱しないほうがおかしい。私が実家のリビングで泣きじゃくっていても、両親は何も言ってこない。結局、消えた奨学金は誰が何に使ったのかわからないまま。その後、学費は払われたので、無事卒業できましたけど、誰が払ったのかはわかりません」

その奨学金を美沙さんは今も返し続けている。45歳まで払い続けなければいけない。

「うちの会社は基本給が他社に比べて高い方ですし、頑張って一度、奨学金を繰り上げ返済したんですよね。１００万くらい一気に。それを私は自分で誇らしいと思っていて、母に話したことがあります。ちょっとはほめてもらえるかなと思って。ところが、母はスーッと無表情になって、目から光が消えて、返事しなくなっちゃって。あー、この話、お金にまつわる話を、母はまだ話せる段階になってないんだなと思いました」

兄の話を避ける理由

ふがいない兄の話を聞くつもりが、美沙さんの口からは両親の話があふれ出る。もちろん根本的な問題が親にあるケースも多いが、美沙さんは本当に兄のことが嫌いなのだろうとわかる。無意識に話から存在を消してしまう、その源をたぐる。

「兄は独身で、実家に住んでいます。33年間、実家を離れたことがない。私は学生のときに家を出たし、結婚もしたので、実家にはほとんど行かないです。父は単身赴任で地方に住んでいるので、今、実家は母と兄だけです。食事も洗濯も掃除も全部母がやってあげているみたい。で、なんで私はこんなに兄が嫌なんだろうと考えてみました。たぶん親に対する兄の態度が10代の頃と変わらないからです。母に暴言も吐くし、無視もする。反抗期のときと同じままなんですよ」

兄はまだ33歳だが、このままいくと、実家の子供部屋で暮らし続ける中年男性、いわゆる「子供部屋おじさん（略してこどおじ）」になるかもしれない。こどおじの特徴は「精神年齢が低く、実家暮らしを当然の権利と思っていて、生活に関する知識がない」と言われている。中には「経済的に自立せず、家にお金をいれない」人もいる。

「兄が家にお金を入れてるかどうかはわかりません。母も今は働き始めているし、父も仕事をしていますから。昔ほどお金に困ってはいないと思う。ただ、兄が母に対して横暴なのは変わっていない。まあ、母も独特なしゃべり方というか、話がとぶ人なんですよね。たとえば、『みのもんたって○○だよね』という話をしているのに、母は頭の中で〝みのもんた＝クイズミリオネア〟と連想して、クイズの賞金の話を始めちゃう。口から出るのはクイズ賞金の話だけだから、他人にはなぜそんなに話がとんだかわからないんですよね。私は慣れているから、母の脳内を推理できるし、読解した上で聞いてあげられる。でも、兄は母の話を聞きもしない。母はちょっと哀れというか、可哀想な人なんです」

世の中の母親というのは、たいてい息子のほうをかわいがるようだ。厳しく突き放すことができず、甘やかしてしまう。息子を心配したり、愛する一方、逆に娘には我慢を強いたり、理不尽な思いをさせていることに気づかない。

「女の子だから、下着は隠せ、と言われていました。浴室の前の洗濯かごの中にはパンツを隠して入れなさいと。ほかにも、女の子だから家事を手伝いなさい、ともよく言われましたね。あと、母に言われたのは、私が新入社員のとき、『お兄ちゃんには美沙の給料の額を絶対に言わないでね』って。兄より格段に高いから。まあ、兄を不機嫌にしたくない気持ちからでしょうけれど。不思議ですよねぇ」

　女の子だからと言われ、制限されて育った女性は、今回の取材でも多かった。前近代的な男尊女卑も、あまりに幼いころから刷り込まれると、そういうものだと思ってしまう。理不尽と思っても、抵抗することすら面倒臭くなって、従ってしまう。

「私、この前『当事者は嘘をつく』という本を読んだんです。著者は小松原織香さんという研究者。彼女は19歳のときにレイプ被害に遭い、そこから自分の内面と向き合って、回復していく過程を書いています。被害の当事者として、また研究者として、自問自答し、客観的にとらえ、ある種の研究論文みたいな感じで綴っているんですよね。性暴力の被害者は、自分の身に起きた現実の出来事に精神的に耐えられなかったときに、防衛反応として記憶を消したりすり替えたりするそうです。そして、被害の最中の記憶が断片的だから、『自分は嘘をついているんじゃないか』という不安に苛《さいな》まれる。明らかに痛みや恐怖を経験したり、相手に暴言を吐かれていても、思い出せない点があるために『私は彼の部屋に行き、性行為に同意した』『暴行も脅迫もなかった』と記憶をすり替えてしまう。小松原さんも『当時の私は性暴力だと思っていなかった』と書いています。実は、私と兄の間には小学生のときにおんなじようなことが起きているんです」

人間というより空気。話をする対象ではない

「私、小さい頃は兄にくっついて回るような子だったんですよね。兄はそれが嫌で、いつも私を殴って追い払うみたいな、そういう関係だった。あるとき、兄が漫画で見たセックスシーンの真似をしたいと言ってきたのかな。私は『お兄ちゃんがやりたいならいい』みたいな感じで、裸になって胸を触られたりしていたんです。それも1回じゃなかった。よくよく考えたら、あれは主従関係というか、権力関係で私は従わせられたんだなあと思いました。当時の私は『兄に遊んでもらった』という、いい思い出に変換して処理していたんですよね。本当は兄から性的嫌がらせをされて嫌な思いをしているのに、記憶を無意識にすり替えて。でも、その行為の記憶が曖昧で断片的だから、真実かどうかもわからなくなってしまう。まさに『当事者は嘘をつく』と同じだなと」

嫌だと思っていたけれど、自分でその過去を封印して、あれはただの遊びだったんだと思うようにした……？

「それどころか、当時の私は『お兄ちゃんが遊んでくれて嬉しい』みたいな感じだったのかもしれません。兄は私の体を触っていたし、兄の体にも触らせられた。私から自発的に触りたくて触っているのだと、兄に思い込まされたような気もします。まあ、そういうこともあって、兄にあまり関わりたくないんです。兄がそれを覚えているかどうか、確認しようとも思いません。たぶん混乱のもとだから。兄をつつくことによって、これ以上家族の中で何かが動いてほしくないんですよ」

　美沙さんの言葉からは「一生、このことを家族には話さない」という決意を感じた。兄の行為を「許した」のではなく、逆に「許さない」からこそ遠ざかっているのか。

「今の私の気持ちは、許す・許さないという段階にも持っていけていない、〝わからない〟という名の森の中に迷い込んでいる、という感じです。性器の挿入があったわけではないけれど、あの時の私は確かに兄に服従していた、服従させられていた、自発的に服従するように強いられていた。そう気づいてから、兄との関係の見え方が私の中でガラリと変わってしまったんです。それはあくまで『私の中で』なので、両親や兄に話したりするような話ではないんですよ。また、見え方が一度変わってしまっているのに、両親や兄に話すことで、その見え方を否定されるのが嫌なんです。私の中で兄は〝人間〟というよりもはや〝空気〟なんですよね。空気は話をする対象じゃないから、話すという選択肢さえ彼には生じない……という気持ちです」
冒頭の「通算10時間」に合点がいく。家を早く出たかったのも、話が母のことにスイッチしがちだったのも、すべてがつながった。

「思うんですけど、たぶん、父親とか親戚のおじさんにされた性的いやがらせよりも、きょうだい間の性的いやがらせのほうが多いし、それを言葉にして言える人がいないんだと思うんです。話はとぶんだけど、琉球大学の上間《うえま》陽子さんのトークイベントに何度か行ったことがあるんです。上間さんは沖縄の女の子を支援したり、話を聞いている人で、『海をあげる』という本で、Yahoo!のノンフィクション本大賞をとっています。トークイベントで『沖縄でも兄から妹への性的虐待がすごく多い』と話していたんですよね。その根源には『長男は仏壇を守る人。仏壇継承者が優先されるのは当然だから、妹が犠牲になるのも仕方ない』という発想がある、と。これについては、上間さんと臨床心理士の信田《のぶた》さよ子さんの対談本『言葉を失ったあとで』でも書かれていました。家族が性虐待に気づいていても事件化しない。なぜなら仏壇継承者だから、と。ちょっと面白い視点だなと思って」

美沙さんは自分が受けた被害の記憶を上書きしたものの、納得のいく理由が知りたかったのかもしれない。映画や本にそのヒントを求めて、今、自分なりの答えに近づいている。

家族を信用していない

美沙さんは社会人になって、母に「兄には初任給の額を言うな」と言われたが、さらにもうひとつ、「お父さんはクレジットカード作れないの。美沙ちゃんの名義で家族カードを作ってあげて」とも言われた。

「いや、無理だし！　奨学金の返済もあるし、って断りましたけど。たぶん、父に初任給の話をしたからだと思うんだけど。父に初任給を聞かれて答えたら、『俺と2万しか変わらない』って。父は転職して何年かたった頃だったけど、50代の父と22歳新入社員の私の給料がそんなに変わらなかったんですよね。あのとき、この人たちが頼りにならないことがわかったし、距離をとらないとヤバイと思いました」

　といっても、今まで父や兄から直接、金の無心をされたことは一度もない。父からの連絡は普通にくるし、母親からは定期的にＬＩＮＥがくる。

「両親はたぶん、私に心理的な負担をかけたとか、経済的に迷惑をかけたとか、負い目はあると思うんです。『苦労させちゃったね』くらいだけど、あきらかに気後れしている部分がある。母は完全にメンタルが回復したわけではないので、季節の変わり目にＬＩＮＥが増えるんですよ。不安定になるんでしょうね。それで季節のうつろいがわかる。そうか、もう夏になるんだ、みたいな。3日くらいは普通に無視しますね。お正月やお盆休みも『今年は美沙ちゃんは帰って来れるのかな』と下手に出た聞き方をしてきますが、近況を私から伝えることもないし、ＬＩＮＥを私から送ることはありません」

ご両親はまだ若いので、介護や相続などは先の話だとは思うが、今後「健康」や「家計」に問題を抱えたとき、美沙さんはどこまで対処するだろうか。

「父がけがをしたり、入院したこともあったみたいですが、いつも母からの事後報告です。両親はそもそも私に頼ろうという気持ちがあまりなくて、そのあたりは兄を頼っているのかもしれません。介護についてはあまり考えたくないことですが、その時は、心を無にして、最小限の対応をするんじゃないですかね。ただ、経済的な問題を抱えたとしても、援助をする気はありません。両親が亡くなった後に、『もっと話しておけばよかったなぁ』と思う日は必ず来ると思います。ただ、その予感をひっくるめても、彼らが生きている間、私から積極的に両親と関わりたくない、というのが率直な気持ちです」

今回の取材対象者の中で最年少の美沙さんには、野暮でお節介な質問だったかもしれない。家族に対話がなかったせいでトラブルを招いたり、問題が大きくなったり、ややこしくなったケースもあったため、老婆心ながら聞いてしまったのだが、逆に非常に明解な言葉が返ってきた。

「自分と関係のある人が亡くなるのは悲しいことですが、人が死ぬのは当然ですし、両親との死別によってなにがしかの後悔が生じるというのも、両親と良好な関係にある人にだって起こる感情だろうと思っています。ならば、別に私も両親が亡くなった後に後悔や自責の念を感じる部分があったとしても、それは当たり前のことなのだから、別にいいや……と考えています。私ひとりにだけ起こることではない、ということに安心しているといいますか。他人も持ちうる感情ならば、そんなに特別なものじゃない。だから、必要以上の備えもいらない、という発想です」

美沙さんは結婚して名字も変わった。家族から徐々に、着実に離れている。

「古い田舎の家なので、あっちからしたら〝嫁に出した娘〟みたいな感じもあるんですよね。そういう意味でも距離はできるじゃないですか。別の家の人間だから。私もそれを利用して、徐々に離れていってるっていう。数年前の正月に久しぶりに、夫と実家へ行ったんですけど、そこで母がいきなり、『もう心療内科には通ってないしさ』と言ってきて。心療内科に通ってたことなんか私たちに一切言ってなかったのに。『あー、なんかこの人ずるいな。いろいろあったのに自分の中では〝過去〟にできているんだ。自分のことだけ勝手に許してるんだなあ』と思いました」

　美沙さんが幼い頃から傷ついたり、最大限に気を遣ってきたことも、父と母、そして兄の中ではすでに忘却の彼方、あるいは過去の思い出話となっていると知って、愕然とした。

「たぶん、3人は私のことを普通に好きだと思いますよ。でも私は大嫌い。なんでそんなに私が冷たいのか、3人を嫌うのか、誰もわかってないでしょうね。幼少期の経験もあって、私が一方的に家族を信頼できないんですよ。だから、彼らの問題というよりは私側の問題なのかもしれません。母がぽろっと言ったんだけど、『きょうだいを仲よく育てられなかったから、美沙ちゃんは寂しいんじゃないかと思って心配なのよ』って。はあ？　って思って。ともかく、家族の中で一番年下なので、あんまり近づきすぎると、私にすべての処理が回ってくるなあって思って、全力で離れている最中です」

一方的に絶縁して丸6年

佐藤小夜子さんの義兄

「なんで、うちにとばっちりがきてるのかわからない。誰が折れればいいんでしょうね……」

そうつぶやくのは、佐藤《さとう》小夜子《さよこ》さん（50歳）。実のきょうだいではなく、夫・彰彦《あきひこ》さん（51歳）の兄がちょっと問題のようで。

「私たちが結婚した当初は、お盆や年末には普通に集まっていました。うちの息子が生まれてから5年くらいは、お義兄さんが誕生日プレゼントを送ってくれたりしていましたし、特別に仲がいいわけではないけれど、ちゃんと話ができました。それが、あることをきっかけに一方的に縁を切られまして。夫だけでなく、お義母さんも、です。『あなた方とは縁を切ります』と言われて、連絡をしても無視されるようになりました」

義兄の喜朗《よしろう》さん（55歳）が絶縁宣言をしてから、丸6年がたっているという。電話もメールも返信は一切なし。義兄の妻とはかろうじてメールのやりとりを数回できたが、義兄が接点をもつことすら許さないらしく、連絡をとっていたこと自体も内緒にしてほしいと言われた。そうこうしているうちに、義兄の妻との連絡も途絶えてしまったという。

「実はこの6年の間に、お義父さんが入院して亡くなっているんですが、その際もお義兄さんとは直接連絡がとれませんでした。私たちが知る限りでは病院にも来なかったし、初めは葬儀にも行かないと拒んでいたらしくて。お義兄さんの奥さんのご両親が『さすがに実父の葬儀に長男が行かないのはまずい』と説得してくれて、来るには来たんだけど。渋々というか、嫌々でした。お通夜でもお葬式でも一言もしゃべらず、即、帰りましたね」

親の葬儀に出ないというのは、かなり強い拒否反応である。怒りなのか、憎しみなのか。ただし、その矛先は父親ではない。母親と弟の彰彦さんだという。

「きっかけは6年前のある事件です。お義父さんは地銀の取締役だったので、わりと地域の名士と呼ばれるような方ともお付き合いしていたんですね。ただ、少し認知症も入ってきて、ちゃんとご挨拶できるうちに懇意にしていただいた会社の会長さんと会いたい、ということになって。その会長さんとの食事会のセッティングを、お義母さんがお義兄さんにお願いしたんですって。後から聞いて知ったことですが、お義兄さんはそれを誰か他の方を介して依頼していたみたいで、なかなか話が進まなかったらしいんです。仕事ではなくプライベートの話だし、相手は地元の名士みたいな方だから、頼まれた方も動きにくかったのかもしれないですよね。それで結局1か月くらい保留になっていたらしいんです」

　しびれをきらした義母は、弟の彰彦さんに同じ依頼をしてきたという。

「お義母さんから『会長さんにアポイント取って、ってお兄ちゃんに頼んでるんだけど、どうなってるのかしら？』と言われた夫は、直接聞いたほうが早いと判断して、会長さんの会社に連絡を入れたんですよね。結局、会長さんも結構なお年で体調がすぐれず、面会は叶いませんでしたが、『佐藤さんのお気持ちだけは伝えておきます』とお返事をいただいて。それでこの件は終わったはずでしたが、お義兄さんがそのことに激怒してしまって」

　要するに、「長男として自分が動いていたのに、それを無視して勝手に次男に頼んで、しかも次男が迅速にうまいこと解決をしてしまった」というわけだ。確かに、気分はよくないかもしれないが、絶縁するほど怒ることでもないような……。

「今までも、お義母さんはなにかにつけて、お義兄さんにお願いをしてきたんですよね。そもそも佐藤家は〝長男第一主義〟で、とにかくお兄ちゃん優先。甘やかすのも期待するのも、逆に面倒な頼み事をするのも全部お兄ちゃんなんですよ。初めてお義兄さんに会ったときも、なんていうかな、THE・長男という印象。『俺が兄貴だ、この家をまとめるのは俺だ』という感じでした。お義母さんも長男を特別にかわいがって育ててきているので、お義兄さん自身も『母の期待に応えて、自分が頑張らなくちゃ！』という気持ちが強かったのかもしれません」

長男と母親の密接な関係は、これまでの取材でもたびたび露呈している。それでも、たった1回の頼み事が進まなかったくらいで、そこまでの亀裂が入るものだろうか。背景にはもっと複雑な母子密着、あるいはきょうだいコンプレックスもあるのではないか。

金遣いが荒く、当たり散らす兄

そこで、小夜子さんが詳しくは知らない義兄の過去については、夫の彰彦さんに同席してもらい、話を聞くことに。母親と喜朗さんはどんな親子関係だったのか。

「兄は大学を卒業するまではずっと反抗的というか、家族の言うことをあまり聞かない人でした。反抗期なんですかね、自分の思い通りにならないと当たり散らすんですよ。ものを壊したり。本当に4～5歳の男の子がやるようなことを20代前半ぐらいまでやっていて。両親、特に母は、壊されたくないのでお金を与えて鎮めようとするんですよ。その結果、兄は金遣いが結構荒くなってしまいましたね」

時代はバブル期、多忙な父は家に不在がちで、母は自身も働きながら、不動産と株でかなりの財をなしたという。兄がねだると、飲み代やデート代などの遊ぶお金はもちろん、車もマンションもぽんぽん買い与えたそう。

「実家に帰るたびに、兄の車が変わっているんですよ。頻繁に買い替えるから、車だけでも１０００万以上は使ってるんじゃないですかね。兄は2浪2留しているので、結果的に僕と同期になっているわけですが、母は兄が大学入学と同時に阿佐ヶ谷の駅前にひとり暮らし用のマンションを買い与えました。ここまでしてもらったら本人も金銭感覚が狂っちゃいますよね」

なんとも豪勢な話なのだが、ちょっとひっかかる。兄がほしがるものはなんでも買い与えて、弟には……?

「ない。ないですね。とにかく兄は手がかかるので、兄だけで手一杯なんですよ。弟はほうっておいても大丈夫みたいな。僕は僕なりに好き勝手にやっていたので、誰にも邪魔されずに楽しくやれてるからいいかなと思っていました。兄も僕と話すときは優しかったし、嫉妬するとか、そういうのはなかった。ただ、兄が母と話すときはかなり言いたい放題で、弟から見ても『ちょっとそれは言いすぎなのでは？　しかもその言いぐさでお母さんがなんでもかんでも買い与えちゃったら、よくないのでは？』とは思っていましたね」

小夜子さんが言っていた「長男第一主義」もここまでくるとすごい。不機嫌に暴れる長男をお金でなんとかなだめる。聞き分けのいい弟は放置。兄弟でそこまで差をつけるというのも、なかなか聞かない話だ。

「おそらく母の中では僕の記憶があまりないんですよ。僕がどんな大学でどんな勉強をし、どんな会社でどんな仕事をしているかも知らない。興味がないから。小夜子が母と話をしていても『いつの間にか主語がお兄ちゃんになっている』って言うんですが、しょうがないんですよ。母にしてみれば、僕の記憶がないから話せないだけ」

豪勢な時代が長く続いたわけではなく、バブルがはじけた後は、母も不動産には手を出さなくなったという。ただ、株は今でも生きがいとして続けて、それなりに儲けているそうだ。

「母いわく、『あんたたち兄弟ふたりの学費は私が株で稼いだ』と、いまだに言っていますよ。兄も僕も私大に行かせてもらったし、しかも兄は2留ですからね。感謝はしていますが、『私が一生懸命働いて稼いだ』とでも言ってくれればよかったのに。兄も母に対して無理難題をふっかけて、車など数百万の買い物をさせるという。数万じゃなくて、数百万の話ですよ。金銭感覚が僕とは二桁違う……。兄みたいになっちゃダメだなとは思っていました」

　もともとは兄弟の仲が悪かったわけではなさそうだ。母が兄弟に対して、差をつけてしまったことが問題だったようにも見える。兄の怒りは彰彦さんというよりは、母に向かっているのではないか。

「さっきの話ですが、今までは母が何かを頼むのはずっと兄でした。だから、兄弟両方に同じことを頼むなんて、僕の記憶では生まれて初めてだったんですよね。まったく蚊《か》帳《や》の外だった弟がいとも簡単に解決しちゃったから、兄は面白くない。もともと自己顕示欲の強いタイプだし、仕切りたがりの人ですから。僕自身も、今まで実家のことや母のことは全部兄が仕切っていたから、一切口を出さなかったし、任せっぱなしでした。そういう意味で、兄は本当にいろいろとよくやってくれてたんだと思います」

　一方的に絶縁されたわりに、彰彦さんは兄を強く批判できない様子でもある。というのも、兄が家族のために尽力した過去があるからだ。

母のお金がなくなり、バランスが崩れた

「母がお金を持っていると、母と兄とのバランスがとれてるんですよ、一応。お金を兄にあげると、兄も満足するので、表面上はうまく仲よくなるんです。このバランスが一番初めに崩れたのがバブル崩壊のとき。父方の親戚が経営する会社が立ち行かなくなって、最終的に父が保証人になったことがあったんです。負債が８０００万円ぐらいできまして、母が相当払ってるんですよ。株で儲けた分もつぎ込んで返済にあて、母自身にお金の余裕がなくなったわけです。そこから兄とのバランスが崩れてるんですよね」

ひょっとして、お兄さんも長男として返済に協力した、ということか。

「兄が都合したのは２００万〜３００万くらいだと聞いています。返済に協力してからは、逆に母が兄にねだるようになったんですよ。余裕がなくなった母は何かにつけて兄に頼っていたみたいです。例えば、家電が壊れたり、家の中のリフォームが必要だったりというときに、あれがほしい、これがほしいと。旅行に行きたいと言って、兄夫婦も一緒に誘ってお金を払わせたり。兄は過去に車や家を買ってもらっている負い目もあるから、初めは母のおねだりに対応してきたんだと思います。それも金額がどんどん大きくなってきて、兄も耐えられなくなったんじゃないでしょうか」

今まで使いたい放題だった母の資金が底をつき、逆にたかられる（といったら失礼だが）ようになった喜朗さん。ただし、８０００万の負債は十数年前に母がきっちり返済し終えているという。

「我が母ながら、さすがだなと思いますよ。普通のサラリーマンが返せるような額じゃないですからね。そのために株で儲けるしかないと、いろいろやってきたんでしょう。その自負もあってか、母は兄がしてほしくないことを始めちゃったんですよ。要するに、兄の奥さんに『こういう株でいい銘柄があるんだけど買わない？』みたいな話をしたらしくて。もちろん母としてはよかれと思ってやっているんですよ。株で莫大な借金を返済していますからね、儲ける自信もあるんでしょうし。でも、兄としてはそういうことが嫌だった。お金に執着するところが見えてきちゃって、人間的に許せないみたいなレベルになっている感じがしました」

長年にわたり、母と長男の関係はお金を介して保たれてきた。その均衡が崩れ始めた上に例の事件が起こり、絶縁宣言に至った、と彰彦さんは解説してくれた。

「父の葬儀に出席するのを拒んだ兄ですが、本当は父のことを尊敬してたし、いろいろ世話になって感謝もしているはずです。本人としては行きたかったんだけど、それ以上に母に会いたくないというのが勝って、拒んだのだと思います。要するに、兄と母の喧嘩なんですよ、この話は」

冒頭の小夜子さんのつぶやきの通り、母と兄の喧嘩に弟夫婦が巻き込まれた形だが、「誰が折れたらいいのか？」というのはどういうことか。単純に兄が機嫌を直して、折れてくれればよいのでは？

「母は自分に喧嘩の原因があるとは思っていない。兄弟喧嘩が事の発端だと思っているんですよ。『私は悪くない。お兄ちゃんには何もしてないし、望むようにお金も出して、ものも買ってきたのに、なんで私が怒られるの？　お兄ちゃんと彰彦の問題でしょ』と。兄は兄で、母に『なんでこうなったか、原因は何なのか、自分で考えろ』と突き放している。母は僕にどうにかしろと言うし、兄は連絡しても返事がこない。そうして6年が過ぎ去った、というのが現状なんです」

話し合いができない家族

この状況で、小夜子さんが一番不安に思っていることは何か。

「お義母さんの矛先というかはけ口が、全部こちらに向かってきている点です。今までお義兄さんに向いていたものが全部こっちにきてるんです。『ちょっと、今から来てくれない？』とか、『今テレビ観てたらジャパネットでこんなものが売ってたんだけど、どうかしら？』とか。ちょっと行ける距離でもないんですよ、うちから夫の実家は車で2時間かかるところですから。電話も切るに切れなくて、1時間つかまることもあります。お金の話とか財産の話とかは夫に電話して、それ以外のことは私に電話してくるので、お義母さんも使い分けてるんでしょうね。でも、その他愛もない日常会話の端々に『あんたたちが近くにいてくれればいいのに』と匂わせてくる。そこが不安です」

　義母は今でも株をやっていて、生活に困っているわけではない。それなりの貯蓄もあるようだが、高級な施設に入れるほどではないという。なによりも83歳で、体のことも心配だという小夜子さん。今は元気でひとり暮らしできているものの、今後を考えると、嫁としては不安が大きい。

「お義母さんは事あるごとに『私はちょっと心臓が悪いから、介護が必要になる前にこのまま死んじゃうから大丈夫よ！』って言うんです。だから私も『いえいえ、お義母さん、人間そう簡単に、思い通りには死ねないんですよ～』って返してます。ちゃんと話はできるし、私も言いたいように言ってるからそこはいいんですけど、お義兄さんが絶縁状態なのに、お義母さんがいまだに長男第一主義、ってところが問題なんですよ」

　親が高齢になってくると、家や土地などの不動産に、株や有価証券などの動産の管理が難しくなる問題が出てくる。資産の分配という話だけでなく、無駄な出費や無用の支払いで損をしていないかを確認したり、名義変更の手続きや相続税対策など、事前に子供がある程度把握しておいたほうがいいことはたくさんある。そこには家族の話し合いが必須だ。

佐藤家ではそれができない上に、母が長男の意見を尊ぶ傾向があるという。

「お義母さんは今でも『勝手にやったらお兄ちゃんに怒られるから』って言うんですよね。夫の祖父母のお墓が九州にあるんですけど、そこの管理の問題もあって。今は夫の父方の親戚がやってくれてはいるんですが、親戚も高齢ですし、本来なら直系がやるべき話ですよね。一度、その親戚から近くの墓地に佐藤家のお墓を移したらどうか、というご提案をいただいたんですよ。でも、それにお義兄さんが反対して。あ、絶縁宣言の前に、ね」

彰彦さんが代弁する。

「兄はおばあちゃんが大好きだったので、墓を関東にもってこようとしてたんですよ。その後、絶縁状態になったので、お墓の移転話も宙に浮いたまま。せっかくのいいご提案だったのに。我々で話を進めようとしたら、母が『お兄ちゃんに怒られる』と言い出して。僕はその辺は速やかにやりたいんですけど、温度差があって、進められないんですよ」

「墓じまい」の問題である。彰彦さんが旗を振って、手続きや対応を合理的に進められればいいのだが、お母さんが喜朗さんの意向を気にするため、なにひとつ解決しない状況に陥っている。小夜子さんがため息をつく。

「私には姉ひとり、ふたり姉妹なんですよ。旧姓が石田ですが、石田家はもっとそれぞれがいろいろな話をしているんですよね。みんながお互いのことを考えているし、円満なんですよ。たぶん夫も石田家の面々といて、普通に話ができるから楽だと思います。だから、きょうだいが絶縁だなんて意味がわからない。お義母さんの話を聞いていて思ったんですけど、兄と弟に話す内容も微妙に違うんですよね。そもそも佐藤家は、家族揃って一緒に何かをしているイメージがない。男きょうだいだとそんなものなのでしょうか？」

　言葉が足りないというか、会話や対話が足りない家族は多い。男だから、というのは偏見だが、男きょうだいのほうが言葉を尽くしていない印象は強い。というか、そもそも絶縁されているので、彰彦さんも言葉を尽くしようがないのだけれど……。

関係が修復される可能性は……

小夜子さんの不安はよくわかる。もしこのまま義兄と絶縁状態が続き、義母の終活や介護などに一切協力してもらえなかったら？ さらには、義母と一緒に住まなければいけないことになったら？ それこそ小夜子さんの時間はなくなってしまう。先走って勝手に考えるのはよくないが、義母の保有している株もどこかの段階で現金化したほうがいいのではないかと、老婆心ながら思ってしまった。

「そうなんです。いくら株を持っていても、現金化できるのはご本人だけなので。いざというときのことを考えると、本当はそのあたりもクリアにしておいてほしいんですよね。だからなるべく現金で持っていてね、とお話しするんですけど……。この前も、なんかものすごい数の宝石を見せてくれたんですよ。それで、『これを全部売ったら何百万になる』って話しながら。それで、『好きなのを持っていっていいわよ』とでも言ってくれるのかなと思っていたら、シンプルに見せてくれただけでした……」

一瞬、その光景が目に浮かんだ。お義母さんの一抹の寂しさもちょっぴり感じとれるエピソードでもあるし、喜朗さんが辟易したと思われるお金への執着心のようなものも伝わってくる。小夜子さんは義母のチャーミングな部分も理解しつつ、言いたいことを素直にぶつけている印象はある。おそらくお義母さんも小夜子さんに心を開いている感じがする。ただし、同居や介護の話は別だ。

「うちはマンションで、お義母さんと同居できるほど広くもないし、18歳になった息子も一緒に住んでいるので、部屋もありません。かといって、夫の実家に一緒に住んでほしいと言われても困ってしまいます。世間的には『子育ても一段落、子供も手を離れたから次は介護』とか言われそうで。子供がまだ小さければ手間がかかる、というエクスキューズもできましたが、今は逃げ場がないんですよ。もう本当に申し訳ないけれど、佐藤家の問題は佐藤家で解決してほしい、というのが本音なんです」

　義母のはけ口というか、受け皿になるのが小夜子さんだけでは確かにキツイ。そこは彰彦さんも重々わかっているという。

「子供が親の面倒をみるのが普通、という感覚を僕は持ってるので、それをやらなきゃいけないなとは思っていますし、やるのは僕だと思っています。嫁がやるのが当然なんて考えはないんですよ。もちろん、協力してくれたらそれはそれで嬉しいけど。もし、母がそんなことを言ってきたら、『いやいや、ちょっと違うだろう』っていうのは言うつもりなんです。いい機会なのでお話ししましたけど、僕はそう思ってはいるんです」

　少なくとも佐藤ご夫妻が問題点を共有しているし、温度と見解が共通であることは、取材で伝わってきた。ただ、現状としては停滞。丸6年の停滞。はたして、喜朗さんと母の関係が修復する可能性はあるのだろうか。可能性があるとしたら、何パーセントくらいあるのか。

「僕は20パーセントくらいかなと思って……」と彰彦さん。

「え、20パーセントもあるんだ⁉　5パーセントくらいだよ」と小夜子さん。

数値に差があるのは想定内だが、そもそもふたりともめちゃくちゃ低い。つまり、関係修復は相当厳しいと考えているわけだ。

打開策はあるような、ないような

「母の今後に関しても、僕らが全部やるのは苦しいけれど、兄が怒りを解いて出てきてくれて、兄弟で半分ずつ負担という形であれば、できなくもないかなと僕は思っているんです。僕も今はリモート勤務になっているので。例えば、母のところに週2〜3日いて、リモートで仕事をして、兄も同じようにしてくれたら、って。同居まではいかないけれど、二拠点生活みたいな感じで、母の生活の面倒をみるという。ただ、僕もサラリーマンなので、転勤があるとその作戦もボツになっちゃうんですけど」

この件に関して相談できる人や協力してくれる人はいるのだろうか。

「九州の墓を管理してくれている親戚も、この顚末《てんまつ》を知っています。協力してくれるとは言ってくれるし、兄に対してなんらかのアクションをしてくれているらしいんですが、いかんせん親戚から言われてもピンとこないというか、あまり効き目はない。現段階で僕には打つ手がないというか、正直、何もしていないというか」

そこも小夜子さんは不安な点なのかもしれない。脅すわけではないが、今後、お義母さんが体調を崩されたり、認知症になったり、なんらかのトラブルに直面する可能性はおおいにある。資産整理や相続など、兄弟が話し合わなければいけない場面も増えてくる。いつまでも絶縁状態を放置しているのは得策ではない。

「僕も喧嘩別れするつもりはないので、兄が出てきてくれたら、文句の一言二言は言うかもしれないけれど、あとは仲よくやろうよと、言うつもりではいるんです。いろいろあったけど、まず何があったか教えてほしいし、とりあえず話を聞かせてくれ、と。母だってウェルカムなんだから。例えば、週に1回母からの電話を取らなくても、何かのときに僕の相談に乗ってくれるだけでもいいんです。母と直接関わらなくていいから、とりあえず兄弟間で接点がなくなってる状況をやめたい。兄弟間では別に仲たがいしてるわけじゃないし、これまでも仲よくやってこれたので。僕からしてみたら、なんで兄が僕からの電話を取らないのか、よくわからないんですよ……」

母と長男の蜜月と共依存が破綻するのは決して悪いことではない気もするが、その後始末が一気に弟一家にのしかかっている。余計なお世話だが、問題はあるのに対話がない家族には、第三者が必要なのではないかと思った。

小夜子さんとしては、彰彦さんに一任する方向だ。

「なんでしょうね、お義母さんも九州出身で長男を大事にする環境で育ってきているせいか、そこはどうやっても変わらない気がします。お義兄さんには子供がいなくて、うちは息子がいる。もしかしたらお義兄さんは『弟には息子もいるし、長男の自分に頼らなくてもいいだろう？』と思っているのかもしれません。もちろん協力はしますし、私にできることはやりますが、基本的には佐藤家のいざこざは夫に任せたい。積極的に動いて解決してほしいんです。今は、ストレスがたまったら実母に電話で愚痴ってます。石田家も問題は共有しているんですけど、肝心の佐藤家が対話してくれないことには始まりませんから」

丸6年の絶縁。長すぎた凍結状態に、はたして雪解けは訪れるのだろうか。

きょうだいの性暴力について

今回お話を聞いた中に、兄から性的虐待を受けた人がふたりいた。いずれも幼い頃の話で、それが兄の存在を受け入れがたい根源となっている気がした。前出の精神科医・井上智介先生は、その経験が自己肯定感の低さにつながっていることが多いと話す。

「幼少期の性的虐待の経験を初めから話す方はほとんどいません。今、困っている症状、特に社会生活で支障を来《きた》す症状の元をたどると、『実はきょうだいから性的虐待を受けた』とわかる。わかりやすい症状としては男性に対する恐怖。会社で話しかけられると記憶が飛んで乖離してしまうとか、男性と話ができないとか。ただ、実際に多いのは、もう少し複雑なケースで、自尊心がかなり低い。自己肯定感がめちゃくちゃ低いんですよね。だから、頼まれた仕事を断れずに仕事ばかりしているとか、人の顔色をうかがって自分を出せないとか。お話を聞いていくうちに、実は性的虐待を受けたことがあるとわかる。『自分は汚れている、周りから受け入れてもらえるはずがない、人を信じることができない』というのが生きづらさにつながっているケースが多いんです」

ＮＯと言えない・自分を出せない、という人は、周囲を見渡しても結構思い当たる。ただ、自尊心や自己肯定感が低いというのは、もっと根が深そうだ。

「家族に話せない経験ですからね。性的虐待の被害者にとって必要なのは、安全で安心な場所なんですよ。医師やカウンセラーがその場所になれればいいんですけど、逆に相手がプロだからこそ、『もっとひどい事例を知っているから自分のことなんかたいしたことじゃない』と思って話せなくなってしまう人がいるのも事実。もしくは、お友達や親しい人に勇気を振りしぼって話したときに『そうだったんだ～、大変だったね』と軽く流されて終わったとか。それがつらい、もしくは怖いので話したくないという人もいました。本当に年単位で診察した後に伝えられることもありますから、非常に難しいところです」

損害賠償請求も可能だが……

きょうだいの暴言や暴力が背景にあって、実力を発揮できなかったり、社会生活で支障を来すというのはどうにも飲み込みがたいものがある。何かアクションを起こしたいと思う人に、前出の弁護士・吉田美希先生がアドバイスをくれた。

「法的措置をとれるかというところですが、過去の性的虐待に対して損害賠償請求という方法はあります。例えば、被害経験がフラッシュバックすることで精神疾患になったというケースであれば、その時点で損害が発生したと考えて損害賠償請求ができます。ただ、被害を認識してはいたけれど誰にも言えずに長い間過ごしてきたという場合は、時効や除斥期間（権利行使ができる期間の制限）に引っかかる可能性があります。さらに難しいのは被害の立証です。過去のことで当然相手が認めるはずもないとなると、ご本人の陳述証言が必要です。それを補強するのは医師の診断書くらいしかないので、事実関係を洗いざらい思い出さなければいけません。文書にまとめる作業は弁護士がするにしても、詳細なヒアリングが必要になります。嫌なことを思い出すという作業で、二次被害を受けてしまうんです」

　とても悔しいことだが、幼少期の性的虐待に対する損害賠償請求は正直、簡単なことではないという吉田先生。ただ、加害者がいまだに近づいてくるような場合は弁護士が力になれることもあるそうだが……。

「損害賠償請求をしたいというお気持ち自体を否定する趣旨ではまったくないのですが、私自身が親から心理的虐待を受けてきた経験も踏まえると、ご自身の心のケアに集中されたほうが人生にとってはプラスになるのかなと思います。相手に償わせたいという気持ちは、結局〝怒り〟なんですよ。怒りって、自分もすごく消耗するんですよね。とにかく相手に謝らせたいとか、相手に復讐したいという気持ちもすごくわかるのですが、それよりもカウンセリングに通ってご自身のケアに専念するという方法をご提案することが多いですね」

家族の役割を手放してみる

きょうだいの暴言や暴力については許しがたいものがあるのだが、ふがいないきょうだいに対する視点を変えてみることを提案するのは、心理カウンセラーのみずがきひろみさん。ご自身もきょうだい（病気の妹と、弟ふたり）に苦手意識があり、長い間葛藤した時期がある。著書『きょうだいが苦手だ　ひとりで頑張ることを選んでしまうあなたへ』では、「家族の役割」という考え方を手放すことを勧めている。

「そもそも、きょうだいの問題でカウンセリングに来る方はほとんどいません。お話をしているうちに、『没交渉のきょうだいがいる』『きょうだいとはもう何年も口をきいていない』という話が出てくるんです。そして多くの方が『関わらなくて済むんだったらこのまま他人として生きていきたい』と言います。でも年齢を重ねて、親が弱ったり、亡くなったりすると、知らん顔できなくなるときがきますからね。無理して仲よくする必要はないけれど、ご自身の中できょうだいの存在を整理しておくといいかもしれません」

きょうだいが不仲で、介護や実家の整理、遺産相続がうまく運ばないケースはよく聞くが、さらには自分自身にとってもマイナスの影響を及ぼす可能性もあるという。

「きょうだいとうまくいっていない人は、他の人間関係でもそのきょうだいに似たタイプの人とうまくいかないケースが多いです。そこでつまずいたり、突破できずにキャリアを阻むとしたら、克服しておいたほうがいいと思うんです。それだけきょうだいが苦手だったり、嫌ったり、憎しみをもつのは、実はそのきょうだいを助けられなかった罪悪感のようなものがあるんですよね。それをもち続けなくてもいい、その『役割』から解放されていいんですよ、とお話ししています」

みずがきさんが定義する「役割」とは、自分でも気づかないうちに家族の中で自分の気持ちを後回しにして演じてしまう「犠牲のパターン」だという。代表的なものが5つ。

❶「ヒーロー」 正義感や責任感が強く、真面目な努力家。家族の大黒柱的な存在で、長女がハマりやすい役割。親の期待に応えようとするが、失敗すると後述の「問題児」や「孤児（幽霊）」になる。

❷ **「殉教者」** 家族のために身を粉にして働いたり、自分のことを後回しにする。そのわりに家族から感謝されない。長女や三姉妹の次女に多い。結婚願望がない人も少なくない。

❸ **「問題児」** 非行や犯罪に走る。あるいは病気や障がいをもち、家族の他のメンバーの結束を固めたり、外からの援助を呼び込む役割を担う。実はリーダーシップをとれる。

❹ **「チャーマー」** 家族の中の愛されキャラで、人を喜ばせたり楽しませたりする人気者。末っ子に多い。サービス精神を発揮しているだけで、本人は満足どころか疲れている。

❺ **「孤児（幽霊）」** 自分がいないほうが家族の争いが少なくて済むと考える。自分の存在を消して家族を救おうとするタイプ。気配を消すか、傍観者を決め込む。

「まず、小学生の頃の自分はどの役割を引き受けていたか、そして問題のきょうだいはどの役割を引き受けていたと思うか、思い浮かべてもらいます。誰かが役割を手放せば、家族の関係性も変わって役割も変わり始めます。ご自身が『ヒーロー』の役割をやめれば、『問題児』だったふがいないきょうだいが『ヒーロー』になる可能性もあります。もともとは親を助けるためにきょうだいが役割を担ってきたわけですが、きょうだい全員がそれぞれの役割をやめて、自分らしい生き方を選ぶこと。犠牲的にやらないこと。それがスタートです」

この役割を考えたとき、今回取材した女性たちに当てはまるものがあった。圧倒的に「殉教者」が多い印象だ。また、ふがいないきょうだいたちは「ヒーロー」になりそびれた「問題児」や「チャーマー」が多い印象。もちろん他人の私がそう感じただけで、ご本人たちがどうとらえるかは別の話だ。ふがいないきょうだいもそれなりの役割で犠牲になってきたのだと考えると、ほんの少し見方が変わってくる気もする。

暴言は抑圧の裏返しとも

兄の暴挙が目立つ今回の取材だが、みずがきさんは視点を変えて分析する。

「きょうだいのお金の無心や暴力を許せとは言いませんし、しかるべき距離を置くべきだと思います。ただ、こういうことを言うと理想主義的と言われるかもしれませんが、暴言は力学的に抑えられているからこそ突き上げるように出てくるものなんです。『やってはいけない・言ってはいけない』と思っているからこそ衝動的に出てしまう。暴言を吐くきょうだいは幼いときに自分の欲望を抑え込んだり、我慢してきた経験があると思うんです。『お兄ちゃんなんだから』『男は我慢しろ』『長男なんだから』と言われ、親に甘えたい盛りのときに自分を抑え込んだのではないでしょうか」

　女性ばかりに取材をしてきたので、「女の子だから」と制限されてきた話が多かったのだが、逆に考えてみれば「男子のプレッシャー」もあったのかもしれない。

「例えば、2〜3歳差の兄と妹がいたら、兄がイヤイヤ期のときに母が身重なわけですよね。男の子のイヤイヤ期は行動半径が広くて、あちこち走り回りたい。でもお母さんが妊娠中でしんどいわけですから、走り回ると怒られたりする。大好きなお母さんを守らなくちゃいけないと思う気持ちもあるから、自分を抑え込んで我慢するわけです。妹が生まれたら生まれたで、両親の注目は妹にそそがれますし、忙しい両親に代わってお兄ちゃんが妹の面倒をみなくちゃいけない時期もあったはず。おそらく妹が自覚していないだけで、兄の苦悩やフラストレーションは相当あったと思うんです」

　兄、面倒臭いなと思いつつも、母と息子の関係の「近さ」を思うと、そういうことかと合点もいく。

「そして10歳にもなれば、男性ホルモンのテストステロンの分泌が増えて、セクシャリティが上がることで活発になるし、攻撃性も増してくる。それを、運動なり、友達と遊んだりで発散していければいいのですが、家の中に閉じ込められたり、そのエネルギーの変化に対してお母さんが無頓着だったりすると、自分を抑え込んできたものが暴言や暴力となって出てきてしまう。大人になって暴言を吐く男性には、抑圧もあったと思うんですよ」

ふがいないきょうだいでも、家族の中で何らかの役割を担い、犠牲にしてきたことがあるはずで、そこを発見できれば見方は変わるとみずがきさん。きょうだい問題のカウンセリングでは、問題を解決するというよりは〝消化する〟要素が強いのかもしれない。

「ふがいないきょうだいに悩んでいる人は、たいてい自分を後回しにして、家族やきょうだいのために動いてますよね。頼まれて断れず、あるいは無意識のうちに犠牲になってやっている。そうすると、今度は逆に自分が助けを求めたり、お願いすることに抵抗が出てくるんです。自分が嫌な思いをしているから、同じようには振る舞えない。結果、人にお願いすることができずに頑張りすぎてしまうんです。どんなきょうだいであれ、１００パーセント悪者にして切り離すのではなく、まず自分にできることはないと考えてみてください。『私がやらなきゃ』ではなく『私じゃなくてもいい』と思えるようになること。私ではなく、社会に受け止めてもらうんです。役割を手放すとはそういうことなんです」

私自身も「他にいないから」「家族より先に死ねない」と思い込んでいるが、役割に縛られていることに気づかされた。心のどこかで「家族から認められたい・感謝されたい」という妙な承認欲求が強いのかもしれない。

4章

宗教に
ハマる
きょうだい

宗教の信仰は自由だ。何をどう信仰しようが、個人の権利でもある。ただ、きょうだいが問題のある宗教団体に入っているとしたら……？

おそらく40代以上の人は、１９８０〜90年代に新興宗教やカルト集団が引き起こした問題や事件をいくつも記憶しているだろう。高額の寄進を求めたり、壺やら仏壇やら数珠やらを売りつけたり、監禁して洗脳したり、選挙前に執拗な呼びかけをしたり……十把一絡げにしてはいけないのだが、それによって財産を身ぐるみはがされたり、家族が路頭に迷ったり、一家離散したりの悲劇が跡を絶たなかった。

そして２０２２年の７月８日以降、カルト宗教が注目を浴びている。母親がカルト宗教に財産をほぼすべて寄進し、家族と人生を奪われた男性が銃撃事件を起こしたからだ。

ここまで大きな被害を被ってはいなくとも、家族や親族間でも宗教が原因で疎遠になることがある。日常生活にあらわれる価値観の違いによってコミュニケーションがとりづらくなったり、「理解できない」とわかりあうことをあきらめてしまうからだ。

宗教を信じることが「ふがいない」のではない。わかりあえない状況そのものが「ふがいない」とも言える。そんなケースを見ていこう。

仕事も生活実態もまったく見えない

三田結衣さんの義兄

「最初に会ったときから、心を開いていないという印象を受けました。表面を取り繕《つくろ》っているだけで本当の自分は表に出さない感じというか」

そう話すのは、保険会社勤務の三《み》田《た》結《ゆ》衣《い》さん（45歳）。ふがいないと思うのは、実のきょうだいではなく、義理の兄。夫・義雄《よしお》さん（49歳）の7歳上の兄・孝雄《たかお》さんの話である。

「向こうのご両親に結婚の挨拶に行ったとき、初めて会ったんだけど、第一印象がそんな感じ。絶対合わないだろうなって思いました。そして、生活実態が全然見えないんです。夫が20代の頃、車を買う際にローンの保証人になってもらったことがあったらしいから、たぶん会社員だったことは間違いないと思うんだけど。私が会ったときにはすでに在宅勤務になっていて、必要なときには出社するらしいんだけど、勤務実態はよくわからない。本当に働いているのかどうか、今もわかりません」

孝雄さんは義母と実家暮らし。実家から出たことはない。いつ行っても在宅であることが気になってはいたが、夫にも孝雄さんのことはなんとなく聞けない雰囲気があるという。

「義兄は保険関係の仕事をしているとは言うんですが、私も長年生命保険業界にいるので、多少はわかるつもりです。普通同じ業界なら共通の話題が出てもおかしくないのに、保険の種類も言わないし、会社はどこなのかも濁す。社名どころか仕事の詳細をまったく話さないんです。コロナでリモートワークが増えるよりだいぶ前に、『パソコンがあれば仕事できるから』と言っていましたが、夫の実家はいまだにWi-Fiがないし、お義兄さんはガラケーのまま。そんな状態でできる保険の仕事って、あるのかしらと。夫は7歳も下なので、義兄とは学校もかぶっていない。男同士で逐一現状を報告し合うこともないみたいで、よく知らないらしいんですよね、お義兄さんのことを。私はふたり姉妹なので、ありとあらゆることを話したり、それこそ姉の夫の家族の話まで聞いたりするんですけど、男きょうだいってそんなもんなのかなあ。不思議だなと思って聞いたことがあるんだけど、『アニキはアニキ、俺は俺』というスタンスを貫いているから。お義母さんもお義兄さんのことはあまり話さないし」

結衣さんが気になっていることが3つある。

ひとつは、孝雄さんの歯が数本ないこと。1本抜けたとか差し歯が取れたというレベルではなく、見える部分の歯が数本ない。会社員で在宅勤務といえど、そこは社会人としていかがなものかと思っているという。

「最初に会ったときはまだあったんだけど、年を経るたびにどんどんなくなっていって。保険屋って、人に会わずに仕事できるかっていったら、まあまず無理です。内勤や在宅だとしても、前歯がないのは保険屋としては信用問題にかかわると思うんです。だから、会社とか組織には属していないのでは、と思うようになりました」

もうひとつは、孝雄さんの着ている服が人前に出るようなものではないことだ。結衣さんいわく、「新しい服を40年買っていないのでは？　という印象を受ける、くたびれた服ばかり」。

前歯が減っていくのを直さないことも含めて、もしかして孝雄さんは社会から孤立している状態なのではないだろうか、という懸念が頭をよぎる。

「そして、もうひとつ気になることが。義実家に初めて行ったときに気づきました。家の壁の側面に公明党候補の選挙ポスターが貼ってあったことです」

父の葬儀でおぼえた違和感

そう、孝雄さんは公明党の支援団体である創価学会の学会員である。結衣さんは義実家の壁に貼ってあるポスターで知ったが、夫はもっと前から知っていたし、当然だが義母も知っていた。

「家に帰ってから夫に聞いたところ、『うちの両親は宗教とかそういうのがホントに大嫌いだから。アニキだけだよ』と言われました。でもそれについて誰も話さないし、お義兄さんにも聞かない、そういう空気になっているみたいで」

なぜ孝雄さんが創価学会に入信したのか、その経緯は家族の誰も知らない。

「あまり語らない夫から聞き出した断片的な情報としては、『親父が病気したときに入ったのかもしれない』。けれど、詳しくはわかっていないみたいです。もともと、お義兄さんが子供の頃にちょっと荒れたというか、精神的に不安定でキレまくった時期があったらしくて、それで誰も何も聞かなくなったというか、アンタッチャブルな存在になったようです。お義母さんは『宗教とか大嫌いだけど、息子がやるんだったら勝手にすれば？　だけど私を巻き込まないでね』みたいな感じなのかも。よく言えばドライだけど、結局、家の中に話してはいけないタブーがあって、家族全員が常に気を遣っているっていうことですよね。とにかく、創価学会員であることは自分からも言わないし、家族も聞かないみたいです。義兄は、今でも絶対人を信頼していない感じがあるし、自分の本心はなるべく見せないようにしてると思うんですよね、家族に対してさえも」

家族には心を開いていないが、信仰を通じて、よりどころとなるコミュニティには属しているのだろうか。学会には学会の人脈があって、学会員同士で結婚することも多いと聞く。信じるものが同じ人同士の方がうまくいくに違いない。

「そういえば、うちの近所にいた熱心な信者の人たちは、やっぱり娘も息子も学会の人と結婚していましたね。創価学会の人って世話好きなイメージがあるじゃないですか。冗談好きな明るいおじさんとよくしゃべる世話好きなおばさんって感じ。だから、そういう結びつきで、おせっかいな人が出てきて、義兄もいずれ結婚するのかなと思ってたけど、全然しないんですよね」

ある日、義父が病気で亡くなった。結衣さんが驚いたのは、孝雄さんが葬儀屋との打ち合わせで、宗教嫌いを公言する義母の気持ちより、自分が信仰する宗教のやり方を通そうとしたことだった。

「葬儀屋さんに『おたくはナントカ堂の仏壇は取り扱ってるんですか？　できればそっちにしたい』って言い出したんですよね。仏壇とか墓石とか学会仕様があるんだって。

もちろん喪主は義母なので、葬儀屋さんが確認するわけですよ。『お母さまもそちらのほうがいいですか？』って。義母が嫌悪感をあらわにしたので、『まあ、あちらはお高いですからねぇ。それはご自分の代になってから……』って、義兄をやんわり退けてくれたんですよね。そうそう、葬儀屋さんが『創価学会はもう長いんですか？』って聞いたら、義兄が『15年くらいですかね』っていうやりとりがあったの。その会話で初めて、お義母さんも夫も知ったらしくて。『そんな前からだったのか……』って、2人でびっくりしていたから」

とはいえ、家族が分断するような諍いになったわけではなく、喪主である義母の意向に沿った葬儀がつつがなく執り行われた。

「ただ、義兄だけは参列の仕方が少し特殊でした。学会独特の長い数珠、木でできたすごい音がする数珠があるんですよね。葬儀のときもジャラジャラと音が聞こえていました。さらに、義実家で四十九日の法要をしたときは、お坊さんの後ろで読経にかぶせるように大声で唱えていて、正直違和感をおぼえました。普段はお義母さんを大事にしているような振る舞いをしているのに、葬儀や法要では強く主張するんですよ？　宗教嫌いのお義母さんがそれを聞いてどう思うのか、配慮がない。そこが一番の疑問なんですよ」

お互いが多くを語らない三田家ゆえに、義母と孝雄さんの関係性についての詳細はわからない。宗教がふたりの関係性をどう変えたのかも、結衣さんは知る由がない。理解し合えるすべを持たない状況で、一度芽生えた孝雄さんへの不信感が、結衣さんの中で大きくふくらんでいったことだけは確かだ。

「もちろん信仰は自由だし、とやかく言う立場でもないから、どうぞご自由に、と思っています。でもこの葬儀の一件に代表されるように、とにかく義兄の実態というか、考えていることがわからないのがモヤモヤするんです」

倹約家というよりはケチ

孝雄さんのパーソナリティを少ない情報から探っていこう。まず、孝雄さんはものすごい倹約家のようだ。服や靴にお金をほとんどかけない（ように見える）。女モノのつっかけサンダルで外出したりする気取らなさ。部屋に祭壇のようなものはあるが、ゲームに課金して貯金を溶かすようなこともなければ、酒や女性やギャンブルにつぎ込むような無謀さもない。2章に登場したような浪費家のきょうだいは困りものだが、倹約家ならよいのではないか。

「いや、とにかくお義兄さんは倹約家というよりケチ。外に一緒に食事に行っても絶対に財布を出さないし、割引券やクーポンがない店には行かない。そして、子供たちへのお年玉も札じゃなくて硬貨なんです。お年玉じゃなくてお駄賃みたいな額なんです」

もともと義母も倹約家のほうだが、孝雄さんはさらに輪をかけたケチだという。仏壇にはお金をかけるのに……と、こういう面でも価値観の違いが浮き彫りになってしまうのかもしれない。

ただし、義母は竹を割ったような性格の人で、結衣さんは付き合いやすいと言う。

「昔、結婚したての頃に、母の日に贈り物をしたんだけど、『もうこっちにはいいから、自分たちのことにお金を使いなさい』って言ってくれて、すごく気が楽になったんですよね。でも、長男が生まれたときには、丁重にお断りしたのに五月人形を送ってくれた一方で、長女のときのお祝いは何もなし。お義母さんが育てたのは息子ふたりだったから、男子のお祝いはちゃんとするべきと思っているのかもしれません。でも、その男女の差は何だろうと思いました。当然だけど、お義兄さんからは入学祝いも誕生日祝いも一切いただいたことはありません」

この本の取材で、金に汚いきょうだいの話ばかりを聞いてきたので、なんだか微笑ましく感じるエピソードなのだが、それにしてもやっぱり孝雄さんが気になる。お年玉が硬貨というところではなく、歯を治さないところだ。歯科治療も保険があれば、そんなに高くはならない。今は保険診療でも白い素材で歯を作ることができる。ひょっとしたら、健康保険が未払いで保険証が切れているのでは？　あるいは、会社をやめた後に国民健康保険の加入手続きをしていなかったという、うっかりミスも考えられる。

「怖い、やめてくださいよ！　無保険……？　たぶん病院とか歯科医院が嫌いなだけですよ。お義母さんも病院嫌いだし。一応、話すときは歯がないことを隠しているので、気にはしてるとは思うんだけど。だったらなぜ入れないのかと疑問。でも、そういえば……お義兄さんが前に腕をケガしたんだかなんだかで、腕が3倍くらいに腫れて大変だったたってお義母さんから聞いたんだけど、そんな状態でも病院に行かなかったって……」

3割負担なら数千円の診療も、無保険だと数万円と高額になる。アメリカで無保険の場合、手術・入院したら1000万円を超えるといった話も聞いたことがあるけれど、ここは国民皆保険の日本だ。保険診療を受けられるのに、それでも躊躇しているのだとしたら、何か他に理由があるのではないかと勘繰ってしまう。

「いや、ケチなだけ。数千円すら払いたくないんですよ、きっと。お義兄さんが言ってることが本当ならば、会社員で社会保険があるはずだし。だって保険屋ですよ？　でもそれ、考え始めたら一番怖い……」

なぜに家長気取り？

結衣さんは生き馬の目を抜く保険業界でサバイブしてきたツワモノでもある。この業界は使えない割に威張り散らす男性よりも、ソフトで人当たりがよく、人心掌握がうまい女性たちの努力と実力で支えられてきた。根拠のない権威を振りかざす人間は生き残れない。

「義兄に対して一番腹立たしいのは、私を『三田家の嫁』扱いで下に見るところです。義父の葬儀のときに、なんか知らないけど、ほめられたんですよ、私。ほら、一応、次男の嫁なので弔問客に気を遣ったりするじゃないですか？　それを見て、『その態度は三田家の嫁としては上出来だ』みたいな。家長気取りっていうんですかね」

服も40年前だが、考え方や概念も40年前なのか。弟の妻（や妹の夫）に対して、えらそうな物言いをする長男の話は他の取材でも出てきたような……。

「お墓参りに行ったときも、掃除道具一式を夫ではなく私に渡すんですよ。墓掃除は嫁がやって当然、みたいな顔で。だから、私は『はい、どうぞ』ってそのまま夫に一式を渡して、『あー、暑い暑い』って言って日陰に避難しましたけどね。お墓を大事にする・先祖を大事にするという価値観はわかるけれど、なぜに家長気取りなのか？　とにかく、そうやって三田家の嫁扱いする割に、あんた長男なのに三田家に何ひとつ貢献してないじゃんって思うんです。生まれてこの方出たことがないあの古い家をメンテナンスするとか、リフォームするとか、普通はやるでしょう？　義兄が昔使ってたガラクタが家の前や庭に放置状態なんですよ。なんか、やるべきことをやっていないくせに家父長気取り、というのがどうしても目についてしまうんです。義兄のそのバランスの悪さに、私はだらしなさとふがいなさを感じています」

　だいぶ前に撮ったという実家の写真を見せてもらう。どう見ても動くとは思えない、パンクした原付や自転車が放置されている。壁に貼られた笑顔のポスターとの対比が異様である。印象としては「時が止まった家」だ。ただし、孝雄さんの写真は一枚もない。子供が小さいときは一緒に撮影したりしていたが、スマホから消去したという。

　ちなみに、結衣さんの子供たちは伯父さんとどう接しているのか。

「前に、夫と子供たちだけで義実家に帰ったことがあったんです。私はどうしても仕事を抜けられなくて。で、家に帰ってきた子供たちが『タカオ兄さんがね』って話すんですよ。『兄さんじゃなくて、伯父さんでしょ？』と言ったら、『でもお兄さんって言えって言ってたよ』って。『パパのお兄さんだけど、あなたたちのお兄さんではないから。あれは伯父さんだよ』と正しましたが、本当、何を考えているのか……」

一連の話を聞いていると、やはり孝雄さんはちょっと世間からズレているのかもしれない。世の中の流れや価値観とは別世界で生きているような、そんな印象もある。信仰している宗教があるという理由で、この4章にまとめさせてもらったのだが、孝雄さんは1章の「実家から離れないきょうだい」にも当てはまる。

結衣さんが義兄をふがいないと思う最大のポイントも、そこにあるようだ。

盆暮れ以外は没交渉

子供が小さいときは時々義実家に顔を出したが、義兄にはできるだけ接触したくない。でも義兄はほとんどの時間、家にいるので、自然と足は遠のいた。基本、盆暮れ以外は没交渉。もちろん、夫は結衣さんが孝雄さんを嫌いなことも知っている。

「お義母さんがいるから行ってるけど、もしお義母さんが亡くなったら、行く理由もないなと思っています。そこでご縁は終わりだなっていう、私の中ではね。だから、そうなったら、義実家をどうしようとご自由に、と思う。相続の権利は一応、夫にも発生するだろうけれど、たぶん『アニキに譲る』って言うと思います。そこで権利を主張するような関係性でもないと思うから。もうお義兄さんのものになるんじゃないですか、あの、築50年以上の、床が抜けそうな、ベランダもガタガタでそのうち崩落するような家は。ただ、宗教団体に寄進されたら、それはちょっと家族の思いとは違うよね、とは思います。みんな宗教が大嫌いって言ってた家族だから」

現在、義母の病院の送り迎えや買い物のお供は、同居している孝雄さんが手伝っている。夫はそこに感謝しているため、「親父とおふくろの面倒をみてもらったから」と言うに違いない、と結衣さんは踏んでいる。

「でも、私からしたら、面倒をみるっていうよりは家を出ていかないから、必然的にそうなってるだけに見えます。望んで面倒をみているのではなく、パラサイトした結果、そうなってる。これは中の人と外の人の捉え方の違いですね。私は外の人だから。お義母さんが亡くなったらもう縁を切りたい。まあ、お義母さんは超長生きの家系で、なかなか死なないから安心ですけど」

義母の健康と長寿を祈りたいところだが、孝雄さんだって若くはない。親が亡くなった後の「高齢きょうだいの相続・介護・終活」問題もある。特に、親の生活に依存してきた独身のきょうだいという意味では、孝雄さんもその部類ではないだろうか。もし、孝雄さんが体調を崩して治療や入院が必要になったとき、あるいは介護が必要になったとき、どうしても関わりをもたされるのは、弟である夫、そしてその妻である結衣さんになってしまう可能性も高い。

「義兄に貯蓄もあって、老後の準備も万端というのであれば、何の問題もないです。でも、それすらもまったくわからない。正直、義兄の面倒までみたくない。それが本音です。義兄が亡くなったときにはどうなるんだろうと思います。墓地や墓石を自分で手配して、お金も支払い済みで維持費に関しても処理してあって、あとは納骨するだけっていうなら仕方ないと思うけど。でも、墓が遠い場所だったら、夫だけに行ってもらいます。静かなる信仰心を持つ義兄だからこそ、その辺りのことは粛々と自分でちゃんとやっていると信じたい」

義実家との距離はそれなりに近いが、心の距離は遠く離れている。近づける方法を誰も知らないし、知っていてもやりたくないというのが三田家全員の本音に思える。

「直接何か迷惑をかけられたり、被害を受けたかというと、そんなことはない。だけど、お義母さんというストッパーがなくなってフリーになったときのことが少しも具体的に想像できないのが不安なんです。万一子供を巻き込むことがあれば、離婚して三田家とは縁を切る覚悟はできています」

孝雄さんはあと数年で還暦を迎える。この先のことを気に病んでも仕方ない。保険屋の結衣さんは一瞬、義兄に保険をかけたらと考えたが、関わらないことが一番のリスクマネジメントと思い直したそう。

義理のきょうだいは、あくまで義理。家族の長い歴史を知らない外様ができることは少ない。具体的にできることがあるとすれば、結衣さんのように、いざというときには縁を切る覚悟を決めておくこと、その覚悟を配偶者と共有しておくことくらいだろうか。

日常会話ができない異色の生き方の姉

吉田潮の母の姉

私自身の宗教にまつわる話を少し振り返る。

さすがにオウム真理教や統一教会の知り合いはいない。ご縁がなくてよかったと思う。最も身近というか、その実態に触れる機会が多かったのは、エホバの証人だ。小学校の同級生にG君という男子がいた。低学年のときは明るくてお調子者でおしゃべりな子だった。基本的にはとても優しい子だったと記憶している。同じマンション（団地のように十数棟あるタイプ）に住んでいたので、彼が日曜日になると正装して母親と出かける姿をたびたび目にしていた。

高学年になると、彼はみるみる変わっていった。あれだけおしゃべりだったのに、寡黙になった。というか、目が虚《うつ》ろになった。宗教上の理由で学校行事のキャンプファイヤーにも参加しなかった。マンションの子供たちが毎年楽しみにしている夏祭りにも姿を見せなくなった。詳しくは覚えていないが、そういう祭事は教義に反するということらしい。子供たちが非日常を味わうイベントに参加させてもらえないのは気の毒だなぁと思ったけれど、もうすでに本人がそれを望んでいるフシもあったし、学校側も配慮したようだ。

G君母子だけでなく、あの頃、40年前は頻繁に信者が戸別訪問で勧誘に来ていた。手にしているのは全編カラフルなイラストが載った小冊子だ。これには馴染みがある。我が家で見たことがあった。

というのも、母の姉、私の伯母がエホバの信者だったからだ。

美人で成績優秀だった伯母

私が物心ついた頃から、伯母・マサコはちょっと変わっていた。母は7人きょうだいだが、ひとりだけ毛色が違う人だなと思っていた。

「マサコさんは頭がよかったのよ。例えば中学校の先生がさ、うちにわざわざ来たんだから。『マサコさんを高校に入れさせてください』って。成績がすごくいいからね。地元の県立高校に入れたほうがいいって。それにマサコさんは美人だったから、地元のミスなんとか、に選ばれたくらいだったからね」

昭和30年代、北海道での話だ。マサコさんの上にはきょうだいがふたりいたが、どちらも中学校を卒業した後、就職した。義務教育だけで十分という親の考えを知った教師が、説得に来たことを我が母は鮮明に記憶している。

「それで、私が高校卒業した後、マサコさんと一緒に上京したのよ。一番上のミチコ姉さんがすでに結婚して東京にいたからね。そこでマサコさんはご厄介になっていたんだけど、ミチコ姉さんの旦那とうまくいかなくてね。馬が合わないっていうか。それで姉さんの家を出ちゃって、それからはずっとひとり暮らし。いつからエホバをやってるのか、わからないのよ。私もその後、会社の寮に入って、お父さんと結婚したから、マサコさんがいつどの段階でそうなったのかは知らないの」

我が母は、現在78歳。60年前の記憶はすでにぼやけ始めていることもあるが、なんとなく母がマサコさんを敬遠していることも大きい。

「私は宗教とかそういうのが大嫌いだし、マサコさんのことをよく知らないのよ。ユミコのほうがよく知ってるから、聞いてみたら？」

母のきょうだいは、上からミチコ・オサム・マサコ・ジュンコ・母・ユミコ・ミサコの一男六女である。うち、オサムさん、ミチコさん、ジュンコさんは他界した。私も幼い頃、ミチコさんやジュンコさんにはお世話になった。ここにはいとこたちもいて、泊まりに行って一緒に遊んでもらった記憶がある。

ユミコさんは祖母を看取ったしっかり者の叔母で、キャリアウーマンだった人だ。私が尊敬する叔母であり、母とも仲がよい。というか、家族や親戚をつなぐキーパーソンにもなっていて、マサコさんからも信頼されているようだ。早速、ユミコさんに電話をして、ふがいないきょうだいの取材をさせてほしいと伝えたのだが……断られた。家族の話、宗教の話はあまりしたくないとのこと。仕方がないので、情報量が極端に少ない母に取材して、私の記憶もたぐることになった。

猫が排便する姿に感動

私が最も記憶に残っているのは、小学6年生のときだ。私が近所の公園で拾ってきた猫を飼い始めた頃なので、よく覚えている。マサコさんは時々遊びに来ていたのだが、私がテレビを観ていると、眉間にしわを寄せて説教するのが正直けむたかった。『オレたちひょうきん族』なんか観ようものなら、これみよがしに大きなため息をついて、鞄をゴソゴソとし始める。

「潮ちゃん、こういうくだらないものを観るくらいだったら、ちょっとこれを読んでみて。あなたにとってためになることがいっぱい書いてあるの。ほら、ここはね……」
鞄から取り出したのは、例の小冊子。「ものみの塔」だったか「目ざめよ！」だったか忘れたが、フルカラーのイラストでなにやらいろいろと書いてある。私は一瞥《いちべつ》して、すぐに視線をテレビに向ける。ひょうきん族が観たいから、話半分に聞き流す。それを見た母は即座に「マサコさん、子供たちにそういうことはやめて！」と遮る。その小冊子はたいていお土産として家に置いていかれる。

あるとき、マサコさんから封筒をうやうやしく渡されたことがあった。「マサコさん、珍しくお小遣いでもくれるのか！」と思って、ウキウキして開けてみたらその類の小冊子で、ひどく落胆した記憶もある。子供はゲンキンで正直な生き物でもある。

また、飼っている猫がトイレでウンコして、砂をかけて隠す仕草を一部始終見ていたマサコさんが、「まあ、神は素晴らしい！」と感動していたことを覚えている。正直、「え、この人は馬鹿なの？」と思った。世の中のあらゆる自然現象を、神の偉業ととらえて自分の信仰の話にもっていってしまうマサコさんは、本当に純粋な信者だった。

「あんたたちが小さい頃はよく遊びに来てたね。でもお父さんもほら、結構神経質な人でさ、私の姉妹たちが家に来るのをあんまり喜ばない人だったからね。知らん顔してる人だから。おまけにエホバだったから。私がマサコさんを苦手な理由は、とにかく日常会話ができないこと。話していても、全部宗教の話になっちゃうから。きょうだいをそっちに導こうとしてるのかわからないけれど、私はそういうのに関心ないからね、一切」

マサコさんの信仰はきょうだいの中でアンタッチャブル案件かというと、そうでもない。むしろおばたちみんなが「はいはい、また始まった」くらいにとらえていて、なんだか寛容だった気がする。少なくとも金の無心はなかった、と母は言う。

「異色の生き方をしているから。でも、貧乏してるのに、なんか夢見る乙女みたいなところもあってね。一時期、その団体の人か誰かに信州の高原に連れていってもらって、いろいろな別荘を見せてもらったりして、引っ越したいなっていうような話をしてたことがあったわね。あと、うちのログハウスもね、『ぜひ売ってくれないか』っていう話をしてきたでしょ？　でもマサコさんにはお金がないんだよね。『最初に何万か出すから、あと毎月いくら返すから』って、そんなこと言うからさ。そんなのダメだよって言ったの。あの人がもしあそこに住んだら、もうエホバの証人のたまり場になるから。断ったけど」

ログハウスというのは、私の父が先祖代々の土地に建てた簡易なログハウスのことだ。別荘代わりにしていたし、うちの姉も一時期、そこに住んでいた。ただ、父が施設に入り、姉も老いた母と同居するために引っ越した。ログハウスとその周りの土地の管理が難しくなり、昨年私が売却した。マサコさんがそんなこと言ってきたのか、と驚いた。

「一時期、マサコさんが住んでいるアパートだかマンションだかで、隣の人の音がうるさいっていうんで、すごい喧嘩になったりしてたらしいんだよね。そういうことがしょっちゅうあったみたいで。ユミコから聞く話だから、断片的なことしかわからないけど。ひとりで暮らして宗教やってるから、ちょっと独特だよね。やっぱりそこを出たくてしょうがなくて、うちに来たいって言ってきたことがあったかな。『少しの間、そこで過ごさせて』って。断ったけど」

母は一貫して距離を置いている。かなり早い段階で、極力関わらないことに決めた。

「マサコさんはふがいないって言えばまあ、ふがいないねえ。でも、しょうがないよね。だって信念もって宗教やってたんだから。その人の生き方だから、他人が何か言うことがないからさ。いいんじゃない？　だけど、将来っていうか、老後どうすんのかなあ、と思うことはある」

母は他人事のように言っているけれど、母78歳、マサコさんは80代。将来とか老後とかって寝ぼけたことを言っている場合ではない。今まさに老後なのだから。

「さすがに引っ越したいとかはもう考えていないみたいよ。介護認定を受けて、今、へルパーさんも入ってんだから。ごはんは自分で作ってるみたいで、買い物に行ってもらって、お掃除してもらっているらしい。要介護3とかって言ってたかな、ユミコの話では。でも足が弱っていて、もうエホバの会合とかもあんまり行ってないみたい。だけど、もしマサコさんが亡くなったときはどうするんだろうなと思って。私らエホバに関係ないからさ。でも、エホバの人に託すわけにもいかないでしょ？　親族としては。そこらへんはわかんない。だからユミコも困ってるんじゃないかな」

ともあれ、マサコさんは健在のようだ。母もユミコさんとは連絡をとっている。

もうひとりのふがいないきょうだい

実は、母にはもうひとり、ふがいないきょうだいがいた、という話を聞かされた。

「私は全然交流がなかったんだけど、亡くなったオサム兄さんがいろいろあったみたいで。そういうのも全部ユミコがつながっていて。あの子はえらいんだよ、父さんと母さんが死んだ後、北海道のお寺さんとかお墓とか全部整理したの。田舎との付き合いとかも全部ユミコがやってくれて。私はそこらへんを全然やらなかったんだけどね」

マサコさんをふがいないと言う母は、ユミコさんから見れば、何もしないふがいない姉でもある。

今回、取材した人の中には「墓守娘」というか、家族の後始末を任されるであろう人が何人かいた。ふがいないきょうだいや無責任な親に代わって、自分がなんとかしなければいけない、と思っている人が。母のきょうだいで言えば、ユミコさんがその役割を担ってきた。これは、家族を継承しない、つまり子孫がいない家系で最年少の人間がそうならざるを得ないという話なのか。だとしたら、私自身もそうだ。いずれ「墓じまい」をやらなければいけないのかと思うと、ゾワゾワする。

オサム伯父さんの話だが、どうやら事業に失敗して、親戚を巻き込んで大借金を抱え、最終的には病気で亡くなったという。晩年は統合失調症も患っていたそう。きょうだいの中で、オサム伯父さんだけは北海道に残った。他の姉妹は全員関東地方に来た。

「兄さんは本当にお金に苦労したみたいで、結局娘さんの家まで差し押さえられたって聞いた。それでも最期は娘夫婦が看取って、ちゃんと荼毘《だび》に付しましたってはがきも来て。もうひとり息子さんがいるんだけど、私は交流がないから。これも全部ユミコから聞いた話なんだけどね。気が弱いけど、すっごい優しい兄さんだったんだけどねぇ。親戚にお金を借りて返さなかったって聞いて、『ちょっとだらしない人だったんだ』ってがっかりした記憶はある」

疑問はある。オサム伯父さんは、なぜ親きょうだいに頼らず、いとこなどの親戚に頼ったのだろうか。もちろん、オサム伯父さん以外は皆、関東地方という距離の遠さもある。祖父や祖母との間で、オサム伯父さんは何か確執があったのだろうか。

「うーん。これは私の感覚だけど、兄さんは父さんに疎《うと》んじられていた印象はあるわね。家に馬がいたんだけど、兄さんだけは馬の背に乗せてもらえなかったのよ。私らは乗せてもらったのに。兄さんは中学を卒業してすぐに家を出て、一時期はトラックを買って、羽振りよくやっていたって聞いてたんだけどねぇ……」

断片的な情報から、祖父と伯父の間には「父親と長男の確執」があった可能性もある。

「馬の背に乗せなかったのは、大事な跡取り息子だから落馬したら大変だと思ったからではないか？」「優しすぎる長男、しかもひとり息子だから、厳しく育てようとしたあまり、きつく当たってしまったのではないか？」「厳しすぎる父に辟易して、長男は家を出たのではないか？」。今となっては想像しかできないのが歯がゆい。

私が記憶しているオサム伯父さんは、祖父の葬式に来た「なんだか明るいオジサン」くらいだった。私が幼稚園児のときだ。

「あのとき、兄さん、喪服に白い靴履いてきたのよね。普通、葬式には黒い靴を履いてくるでしょ？　真逆の真っ白な靴でねぇ……常識がないんだなって、ちょっと恥ずかしかったのよね、私は」

どうでもいい細部は覚えていても、彼の人生そのものは知らない。東京に出てきたからと母は言うが、他の姉妹もみな東京に出てきているので条件は同じはず。母が語れないのは、年齢のせいでもなく、家族の内情暴露を避けたいのでもなく、本当に知らないというか、興味がないのだと思った。もしかしたらきょうだいの中でも一番きょうだいと距離をとってきたのが、母なのかもしれない。

「まあそうね。もしかしたら私が異端なのかもしれない。変わり者のお父さんと結婚したしねぇ……。じゃあ、きょうだいからしたら、私がふがいないじゃん」

さもありなん。

宗教は、ある意味で家族以外の人の結びつきを強固にしてくれる。面倒見のいい人や心優しい人が、宗教を信仰する傾向が強い気もする。ならば、年をとった信者のことを最期まで面倒をみるかと言ったら、それはまた別の話だろう。病院に入院したり、治療が必要になったとき、あるいはひっそりと亡くなったとき、連絡がくるのは家族やきょうだい、親族である。没交渉だった家族でも、終わり支度を余儀なくされる。

若いうちはまだいい。年齢を重ねて、病や死が訪れたとき、本当のきょうだい問題が明らかになる。その不安とどう向き合うのか、大きな課題のひとつでもある。

家族の中でひとりだけ信者の理由

宗教にハマるきょうだいについては、前出のカウンセラー・みずがきひろみさんが指摘する。

「家族が宗教嫌いなのに、ひとりだけ新興宗教にハマったケースでしたね。家族とつながっていれば、別に宗教に頼らなくてもよかったかもしれない。役割のパターン（200ページ参照）でいうと、私には、このきょうだいは『孤児（幽霊）』に見えます。つまり、自分はこの家族の一員と感じられなかったから、自分が帰属できるコミュニティがほしくなっちゃった。それがたまたま創価学会やエホバの証人だったという。家族はこのきょうだいの孤独を理解できなかったかもしれず、家族からすれば失敗感があると思われます。そこに否認があるから、誰も信仰の理由やきっかけを聞こうとしないし、タブーになってしまっているのではないですか」

確かに、どちらも家族間では暗黙の了解となっていて、なぜ信仰し始めたのかは誰も知らないケースだった。

「子供は、親が切り離したものを取りに行く傾向があります。親が非常に実務的というか現実的で、目に見えないものは信じないタイプだったら、子供の誰かが正反対に、宗教や観念的なものを好きになることが多い。そういう感覚の違いを親か家族の誰かがちゃんと理解して、抱きかかえていれば逆にハマらなかったかもしれませんよね。信仰を変えなくてもいいけれど、そういう見方もできるんですよ」

献金や寄付の要求や選挙時の勧誘などがなく、被害もないのであれば、宗教そのものを否定したくはない。ただ、宗教を理由に家族間の共通言語も会話もなくなっていくのは問題だ。そこに実は双方が一抹の寂しさを感じているような気もする。

終　章

縁を切っていい、
離れていい

病気、お金、暴言、宗教と、それぞれに問題を抱えたきょうだいの話を聞いてきたが、もう少し社会全体を俯瞰して、きょうだい問題をとらえたい。高千穂大学人間科学部で家族社会学、特にきょうだい関係について研究している吉原千賀教授にお話をうかがった。

「この本のタイトルを聞いて、〝ふがいない〟という言葉がまさに世代内格差を表現しているなと思いました。今の40〜50代、要するに〝団塊ジュニア世代〟がきょうだいにモヤモヤしたり、されたりしている。これは結局、経済的な自立が難しい人が多くいる世代だからです。戦後はみんな貧しかった。親にも頼れなくて、きょうだいも貧しい、社会も貧しいから世代内格差は小さかった。逆に、その後の団塊の世代やバブル世代はみんなそこそこ安定した職に就けた。多少の差はあれど、きょうだい間で経済的な対等性をもてたし、仮にいろいろな事情で自立が難しいきょうだいがいたとしてもまだ支えることができたんですよね。ところが、団塊ジュニア世代は不況で就職するタイミングが過酷な氷河期。そこでつまずいたきょうだいが含まれる可能性が高い。安定した職に就けない・収入が低くて家族や子供をもてないきょうだいと、逆に運よくそれらを得ることができたきょうだいたちの格差が大きいんです。もちろん個人の努力も関係するでしょうが、それだけではどうにもならないことがあっても、うまくいったほうからすれば、『なんで働かないのか』『なんでうまくできないのか』と思うのでしょう。ふがいない、という言葉はその象徴だと思いました」

時代背景と社会の構造もおおいにある、という吉原先生。もうひとつの要素として、昔は「役割と権利」がはっきりした規範が残っていたから、とも指摘する。

「私もきょうだいについては学生時代から研究してきましたから、〝きょうだい観〟の変化を感じています。高齢の方にお話を聞いていると、日本は家制度の名残が強く、家督相続も介護も長男・長女がやるもの、という意識を当たり前にもっている方も多く、役割も権利も規範として共有されていたんですね。例えば、『三男は実家のことにノータッチだけど、逆に家から出て自分で自分の食い扶持は稼いでやっていけということで、別に長男に押しつけたわけでもなく、そういうものだったから、きょうだい間でもめる意味がわからない』とか、『他家に嫁いだ娘は長女であっても他家の人間だ』とか。きょうだいも多かったので、なんとか回っていたんでしょうね。でも、２０１９年に共同研究で行った全国家族調査（ＮＦＲＪ）のインタビューデータを分析してみると、団塊の世代には『介護も親戚付き合いも墓守も長男・長女がやるべき、それでも遺産相続はきょうだいで平等に』ということに葛藤している方々がいらっしゃることもわかってきました。自分たちはこれを引き受けたけれど、次世代には残せない。きょうだいがもめることのないように整理しておこうと考えている方も多いのです」

ところが、団塊ジュニア世代は世代内格差が激しく、平等や公平というのが難しくなっている。そこでモヤモヤが生じて「ふがいない」となるわけだ。

きょうだい関係を決めるのは親の関わり方

親の世代も子の世代も、きょうだいは公平に平等に、と頭でわかってはいるものの、実際にはうまく回らなくなってきている。親は親で平等に接しているつもりでも、持てるきょうだいと持たないきょうだいでは差がついてしまう。

「きょうだいに対してできるだけ平等に、と細やかに気を遣う親もいますが、それでもモヤモヤするのはおそらく子供のほうに『納得感がない』のかもしれません。例えば、金銭的な援助で差があるなら、親はその差がある理由についてそれぞれの子供が納得できるように説明する必要があるのに、もしかしたら親自身がふがいないほうのタスクを免除しちゃってる可能性もありますよね。ふがいないと思うほうは、『いろいろなことを免除されて、それを享受しているなら義務を負ってくれ』と思うわけで、まったく納得していないということなんだと思います」

ふがいない兄が多いことについても、親が兄をひいきしてきた可能性はおおいにある。男だから進学するのは当たり前と手をかけたり、借金を返してあげたり、不祥事を起こしても全力で守ってきたケースが多かった。

「団塊の世代の多くはお父さんが仕事、お母さんは専業主婦で家事育児に専念していましたから、団塊ジュニア世代は父親不在の子育てで、母子間の距離が近いこともあるんだと思うんです。母親が息子を溺愛したり、娘に過干渉になったりということが起きた。それがとても苦しいという声が今上がっていますからね」

　きょうだいの研究を続けてきた吉原先生がひとつ確信していることがある。

「きょうだい関係を決めるのは親の関わり方です。これはきょうだい研究の古典的な話でもありますが、きょうだいが不仲の場合、あるいは不仲でなくてもうまくいかない場合、そこには親が関係していることが多いんですよね。私は『関係性の歴史』と呼んでいるのですが、きょうだい関係のある一場面だけをとらえてもわからないです。きょうだいの話には親との関係性、その家族の長い歴史をひもといていかないといけないんですよ」

込み入らないうちにやっておく

多くのきょうだいにインタビューし、社会的な背景やこれからの方策を研究してきた吉原先生は、今年度、青弓社から刊行予定の、木戸功・松木洋人・戸江哲理編著『日本の家族のすがた――ＮＦＲＪ18質的調査からみる家族の現在』（仮）で、きょうだい関係について分担執筆している。この数年、「きょうだいトラブル」「きょうだいリスク」といった話題があがるようになり、高齢のきょうだいが抱えるネガティブな問題が急に浮上したことも大きい。

「きょうだいについて全国家族調査のインタビューデータを分析した成果をまとめるのは、日本の学術学会としてもおそらく初めてなのではないでしょうか。肌感覚や見聞きした身近な経験値ではネガティブな話はたくさんありますし、メディアでも取り上げられてきましたが、学術的にデータとしてすくいあげて分析するのは初の試みなんです。団塊の世代の方たちの中でも特に、それこそ親の相続や介護で痛い思いや苦い経験をしている方は、次世代には持ち越さないように制度を調べたり、積極的に対策をとったりしています。負の連鎖を止めるためには、きょうだい関係が『込み入らないうちにやっておくことが大切だ』と学びましたね」

　耳が痛い。ふがいないきょうだいに嘆いているだけで、何か具体的にアクションを起こしているだろうか。愚痴をたれて、あるいは自分の中に閉じ込めてしまって、目の前の雑事に追われ、仕事の忙しさにかまけ、きょうだい問題を先延ばしにしていないか。

「もちろん、きょうだいの関係がこじれきってしまったら無理なので、『込み入らないうちに』なんですね。『このままだとちょっと心配だな』と思った段階で、真剣に向き合っておいたほうがいいと思いました。相続税対策とか親の介護の分担や施設入居の可能性とか、腹を割って話ができるならば早く対処しておいたほうがいいですし、弁護士や税理士などの専門家や第三者に入ってもらうことを検討してもいいと思うんです」

　きょうだいが働けない・お金がないならば、なおのこと。公的な制度を調べたり、第三者の専門家に相談したり、いろいろと打つ手はある。

「専門家というのも弁護士や税理士だけでなく、例えば家庭問題に詳しい元家庭裁判所調査官たちが相談に乗ってくれる『家庭問題情報センター』という公益社団法人もあります。公的な制度やサポートに問題があるという声もよく聞きますが、制度は制度なりに現状を踏まえて、少しずつかもしれませんが変わってきています。むしろ私たちが勉強したり調べたりして、そういった情報をキャッチできているか、です。今回の全国家族調査のインタビューデータを分析していても、きょうだい関係がうまくいっているところは念入りに準備していますし、『何とかなる』と放置したり、見て見ぬフリをしているところは立ち行かなくなって問題を深刻化させている、そんな印象もありました。知らなさすぎることが不安を煽っている気もします。『うちの兄、どうしよう』『親がいなくなったらどうしよう』という不安感で盛り上がるだけで終わっていたら、状況は悪くなる一方。これ、私自身もインタビューデータを分析する中で、改めて教えられたことなんですけどね」

わかりあえるという幻想を捨てる

また、吉原先生は中長期的に考えると、きょうだいとのトラブルで苦い思いをする人を減らすためには「教育」も必要だと強調する。

「親の接し方やきょうだいに対する関わり方を、各家庭に任せてしまうから、うまくいかない部分もあると思うんです。例えば家庭科などでも、きょうだい間のトラブルを回避したり、対処するために必要な情報を学べるようにできないかなと思っています。公的な制度やサポートなどを『知る』機会を作ったり、こうした情報へのアクセスの仕方や活用方法を、もっと学校教育の中に組み込めたら、意識も変わるのではないでしょうか。あとは、『家族だから・きょうだいだから、最後はわかりあえる』みたいな幻想を捨てたほうがいいかもしれません。きょうだいは別人格ですからね」

国籍や人種、ジェンダーの違いで多様性を学ぶ教育はなされているものの、確かにきょうだいは同一視され、運命共同体とされる。きょうだい間にもＳＤＧｓが必要だ。これに関しては、前出の弁護士・吉田美希先生のお話も入れておきたい。

「私自身は、きょうだいの仲を取りもつ業務は行っていなくて、とにかく逃げたい人のお手伝いをするスタンスです。結局、人間関係って恋人でも夫婦でも、どちらかが『もう無理』と思ったら終わりなんですよね。何か解決すべき法的問題がある場合は弁護士が入ってうまくいくと思いますが、漠然と関係を修復するというのは基本的に難しいんです。ただ、弁護士の中には親きょうだいの問題に首をつっこんで、関係を修復する依頼を受けている方もいます。親きょうだいは仲よくすべき、だから弁護士が修復してあげるというスタンスです。まぁそういう依頼を受けること自体は、クライアントが望んでいるならそこまで問題ではありません。それより問題なのは、そういう『親きょうだいは仲よくするべし』と思っている弁護士が、親きょうだいと距離を置きたいと悩んでいる人たちの相談に対し、自分の価値観からアドバイスをしてしまうことです。目の前の相談者の立場に立って話を聞くべきなのに、いつの間にか親やきょうだいの立場にたって仲よくしろと説教してしまうようです」

相談に行ったつもりが、説教されるのはつらい。わかりあえないからつらいのに、わかりあえるという前提で話をもっていかれたらたまったものではない。

「弁護士業界でもそうですし、裁判所でも親子間の裁判ではやはり仲よくさせようとしてくるんですよね。それがこの国の変わらない構造です。私のところに相談に来られる依頼者は、他の弁護士に相談に行った人も一定数います。『こんなに批判されずに受け止めてもらえるとは思わなかった』とか『親やきょうだいと距離を置いていいと言われて、心強かった』と言う方も多い。きょうだいに惑わされて、しがらみをもっている人たちにとっては、『縁を切っていい、離れていい』という言葉が救いになるんですよね」

宝くじを当てて返すという姉

最後に、私の姉の話をしよう。序章で書いた通り、私は姉をふがいないと思っているが、ここからは公平を期すために、姉との対話を記しておく。

潮　あなた、一時期完全にひきこもりで、ネトゲ廃人みたいになってた時期あったよね？　一日中にんじん引っこ抜くゲーム、やってたじゃない？

姉　やってた。でもひきこもりじゃない。ひきこもりの半分以上の人は自分をひきこもりじゃないと思っている。別に外に買い物にも行ってたし、畑仕事もしていたし、必要があれば社交的なことはしてたよ。

潮　ああ、あの念仏講？

姉　そう、近所のおばあちゃんたちが集まる念仏講な。田舎のコミュニティにはちゃんと属してましたよ。

潮　ちょうどその頃、あなたは困窮状態でＳＯＳを私に出したのよね。覚えてる？　私の記憶違いがあったら言って。

姉　いや、あるよ。

潮　１回目は１００万円。２回目は50万。

姉　車を替えたときでしょ？　それはあなたがくれたお金で……。

潮　それは3回目の80万だよ。中古車買うっていうんで。

姉　あれはね、私の認識では「母と同居して世話をします、そのために車は必要だから」ということで、あなたがくれたと思っていたんだけど。

潮　あ、そうだっけ？　ごめん。でもその前の１５０万は覚えていないの？

姉　いや、そうだ、そういえば何回か泣きついたかな。

潮　手数料かからないからって言われて、指定されたネット銀行に振り込んだんだよ。メガバンクで馬鹿みたいに手数料とられてる私からすれば、そういう情報も知ってるんだ、敏《さと》いなと思ったんだよね。でも忘れてるし、返す気もないんだよね？

姉　確かに何回か救ってもらった記憶はあるんだけど、それがいくらだったのかは覚えていない。それはいいとして、サマージャンボとか当てて数百万お返しします。

潮　いや、もう、その時点でふがいない。宝くじの段階で。しかも買う気もないでしょ。

姉　そうですね。

潮　今は、介護施設でパートタイムの仕事（入浴介助）もしているし、イラストの仕事もちょいちょいあって、国民健康保険も年金も払ってるのよね？

姉　国保は払ってる。年金は払ってない。

潮　年金を払ってないということは、年金がもらえないだけでなく、障がい者になったときも助けてもらえないっていうことなんですが、それは覚悟してる？

姉　うん。お金貸してもらったときから払ってないんだ。私、年収が低すぎて確定申告しても全額控除だから。ボロぞうきんのように働いてもいろいろ抜かれて、月収10万いかないから。でもそろそろやめて、イラストか漫画の仕事に専念しようと思ってる。なんかエッセイ漫画募集ってのがあったからさ。

潮　早くやれや。それに、あなた医療保険とかも入ってないでしょ。それで高血圧でしょ。いつ死んでもおかしくないと思うんだよね。まあちゃん（我が家では父をそう呼ぶ）は施設で安泰だし、ネーヤ（我が家では母をそう呼ぶ）も私も保険に入っていて、いざというときにはちゃんと保障がつく。でもあなたにもしなんかあったとき、誰がお金を払うの？　貯金も保険もないあなたの医療費を、みたいな話をネーヤとしてるんだよね。

姉　医者が薬を飲めって言うんだけど、絶対飲まない。すごい嫌だから。でさ、その医者が「どうなっても知りませんよ」って言うんだけどさ、「いいですよ、死ぬから」って返したら、「皆さんそう言うんだけど、最近の医療では、異変が起きてすぐ救命されたら非常に高い確率でサバイブしてしまうので、その場合には後遺症が残るんですよ」って。だからすぐには救急車呼ばないで。倒れても1時間くらい放っておいて、ちょっと臭くなってきたらなんとかして。それで結構です。

潮　わかった。ネーヤは慌てて救急車呼びそうだから、言い含めておくね。ってのは冗談で、実際それができるとは到底思えない。助けないでいいって言うけど、そりゃ全力で助けようとするよ。

姉　全力で首絞めにきて〜。

潮　そういうところも含めて、あなたのことをふがいないと思っています。私、まあちゃんの成年後見人になったから、少なくともまあちゃんの財産や収支はすべて把握したのね。それでいうと、実家のマンションの管理費や修繕積立金、光熱費に固定資産税は全部まあちゃんの年金から出ている。ネーヤはもともとしまり屋だから少ない国民年金でも十分だと言ってる。でも、親の年金で成り立っているのよね、あなたの生活の根幹は。親が死んだら、あなたがそれをひとりで払っていかなきゃいけない。それは大丈夫？

姉　大丈夫かなぁ。

潮　到底、維持はできないよね。不安しかない。なんとなく、あなたが一番先に死にそうな気もするんだけどね。

姉　自分でもそう思ってるの。４人の中で一番早く死ぬなって。でも順番間違っちゃいけない。あなたが一番最初に死んだら、うちはゲームオーバー。そのほかの3人は誰が残ってもヤバイ、どのルートを通ってもゲームオーバーみたいな。

潮　そんなこと言われたら、私は絶対、先に死ねないじゃん……。

この会話は、昨年、母が脊柱管狭窄症の手術を受けている間に、家族待合室でかわしたもの。その後、再び母は入院。変形性膝関節症の手術を受けた。ただ、退院後はだいぶ弱っていた。自分でも「頭がおかしくなっちゃったの」と泣きながら電話をかけてくる。一緒に暮らしている姉にいろいろと任せきりなので、もうふがいないなんて言っていられない。

そもそも母と姉は性格が合わない。心配性と楽天家。せっかちとのんびり屋。倹約家と浪費家（食に対してのみ）。ふたりともがストレスを抱えていることはわかっているので、その解消を遠方から手伝うしかない。

境界線を引く

ふがいないきょうだいをもつ人の話も、それぞれの専門家の話も聞いて、正直、心は揺らいだ。「金は絶対に貸さない」と断言する人の話を聞いて、自分の愚かさを思い知った。大変失礼ながら、男きょうだいの凶悪なふがいなさに比べれば、うちの姉は共通言語とユーモアがあるだけまだ幸せだとも思った。でも、姉妹のほうが縁を切りがたいというか、情が出てしまうケースも多いと知った。兄や弟は突き放せても、姉や妹は突き放しがたい、そんな印象もある。

また、「ふがいない」の言葉の裏に、私自身の「承認欲求」が潜んでいたことにも気づいた。子供の頃から何をするにも優秀で天才肌、変わり者でもあり、家族からも周囲からも一目置かれてきた姉。迎合を一切せず、うわっつらの評価を求めもしない姉に、私はたぶん嫉妬していた。自分で言うのもなんだが、私は努力家のほうだ。特別に秀でたものがないがゆえに、地道に継続することで仕事上の信頼を得てきたと自負している。そんな私が、上から目線で姉を経済的に支えることで、家族に感謝されたかった、自分を認めてほしかったのだと思う。

　前出のカウンセラー・みずがきさんの「役割」の話がとても腑に落ちたのだが（２００ページ参照）、姉は「チャーマー」あるいは「孤児」の役割を無意識に選んでいたのかもしれない。そのおかげで、私はおこぼれの「ヒーロー」だったのかもしれない。そして本当は姉に「ヒーロー」になってほしかったのだ。「長女なんだからしっかりして」と役割を押しつけていたのは私のほうだった。もうやめよう、姉の生きざまに勝手に期待して勝手に絶望するのは。

　実際、姉も数年前とはだいぶ変わった。１５０万とは別に、一度、姉に頼まれて金を貸した。その額８万円。回収の見込みがあったので、借用書に返済期限を書かせたところ、姉はちゃんと期日前に耳を揃えて返済してきた。もう大丈夫だと思いたい。ただし、むやみに金を出すのはもうやめる。

そして、姉の健康不安を払拭するために今できることはやっておこうと思い、最低限の保障がつく生命保険に加入させることにした。この数年で姉が母に支払ってきた家賃を、母は全額貯めていた。それをもとに口座を作り、そこから引き落とすことに姉も母も合意。この春に契約した。

姉個人の経済的な問題は自分で解決してもらい、父と母と姉の経済圏がうまく回るよう、私は金を出さずにちゃんと見守る。今後起こりうる経済圏の崩壊の対策としては、

①父が亡くなる→年金がなくなる→実家の維持費が必要→父のお金を有効活用
②母の介護が必要になる→同居の姉に負担がかかる→介護サービスを駆使する
③姉が病気や障がいで働けなくなる→母と私が同居、姉は独居させて生活保護へ

逆に、今後は姉から「口だけ出してきて何もしてくれない、ふがいない妹」と言われる日がくるかもしれない。私にできるのは、父の年金で成り立つ実家の経済圏をうまく回して3人を看取ることだが、それ以前に、自分自身の生活を安定しておくことだと改めて思った。実家の経済圏とは別にして。そのためには仕事をもっと頑張る。

「できることとできないことの境界線を引く」こと。ふがいないという不安を解消するための対策は今から講じておくこと。私が学んだことは以上である。


と、書き終えた後で、ちょうど母の診察日があったので病院に付き添って、実家に寄った。そこで、姉の口から今の介護のパートをやめると聞いた。

「やっぱ風呂に入れるバイトがいいと思うんだよねー。近所の温泉施設で求人してたんだけど、時給が９７０円で安すぎるからやめた」

その話を横で聞いていた母は、あからさまに懸念を示す。姉に定期的な収入がなくなること、出勤がなくなって規則的な生活をしなくなることに対して、思いっきり眉間にしわを寄せていた。

でもね、それも姉の人生。姉が選択することであって、口を出すつもりはない。

ただし、電気の消し忘れで大喧嘩しているふたりに対しては、提案だけしておいた。

母が電気の消し忘れにうるさいのは電気代が高いから。母に小言を言われるのが嫌なら、電気代だけ姉が自分で払えばいい。「私が払っているんだから、文句は言わせない」と言えばいいだけのこと。「入り口」だけ提案すればいいと気づいた。

吉田 潮（よしだ うしお）

1972年生まれ。千葉県船橋市出身。法政大学法学部政治学科卒業後、編集プロダクションにて健康雑誌、美容雑誌の編集を経たのち、2001年よりフリーランスに。テレビドラマ評を中心に、週刊新潮で連載中。東京新聞、週刊女性PRIME、プレジデントオンラインなどに不定期寄稿。NHKのドキュメンタリー番組「ドキュメント72時間」を読み解く「読む72時間」（Twitter）、ポッドキャスト「聴く72時間」（Spotify）を担当。介護や家族問題、マンション管理組合理事会も鋭意取材中。著書に、自身の妊活から産まない人生の選択に至った道のりを描いた『産まないことは「逃げ」ですか?』、父が認知症となった体験をもとに介護経験を描いた『親の介護をしないとダメですか?』（ともにKKベストセラーズ）などがある。

カバーイラスト／庄野紘子
カバー・本文デザイン／西垂水敦・市川さつき（krran）

ふがいないきょうだいに困《こま》ってる
「距離《きょり》を置《お》きたい」「縁《えん》を切《き》りたい」家族《かぞく》の悩《なや》み

2023年5月30日　初版第1刷発行

著　者　吉《よし》田《だ》 潮《うしお》

発行者　三宅貴久
発行所　株式会社　光文社
〒112-8011　東京都文京区音羽1-16-6
電　話　編集部 03-5395-8172
書籍販売部 03-5395-8116
業務部 03-5395-8125
メール non@kobunsha.com
落丁本・乱丁本は業務部へご連絡くだされば、お取り替えいたします。

組　版　新藤慶昌堂
印刷所　新藤慶昌堂
製本所　ナショナル製本

ISBN978-4-334-95379-9